优秀教师的自我修养

Self-cultivation of excellent teachers

陶行知——著　　陈彬——编

CNS 湖南人民出版社

图书在版编目（CIP）数据

优秀教师的自我修养 / 陶行知著；陈彬编. —长沙：湖南人民出版社，2021. 5（2024. 8）
ISBN 978-7-5561-2694-1

I. ①优… II. ①陶… ②陈… III. ①教师—修养—文集 IV. ①G451.6-53

中国版本图书馆CIP数据核字（2021）第038816号

YOUXIU JIAOSHI DE ZIWO XIUYANG
优秀教师的自我修养

著　　者　陶行知
编　　者　陈　彬
出版统筹　陈　实
监　　制　傅钦伟
产品经理　田　野　姚忠林
责任编辑　毛泳洁
责任校对　曾诗玉
封面设计　刘　哲

出版发行　湖南人民出版社有限责任公司［http://www.hnppp.com］
地　　址　长沙市营盘东路3号
邮　　编　410005

印　　刷　长沙市雅高彩印有限公司
版　　次　2021年5月第1版
　　　　　2024年8月第5次印刷
开　　本　880 mm × 1230 mm　1/32
印　　张　7.75
字　　数　158千字
书　　号　ISBN 978-7-5561-2694-1
定　　价　48.00元

营销电话：0731-82683348　（如发现印装质量问题，请与出版社联系调换）

编辑说明

2014年9月9日，习近平总书记在参加北京师范大学师生代表座谈会时就如何造就一个好老师作了重要讲话，其中提及并引用了陶行知先生的教育思想，号召全体教师学习研究陶行知，学习他“千教万教，教人求真”，学习他“捧着一颗心来，不带半根草去”。由此可见，陶行知先生的教师论仍具现实价值。

陶行知是我国著名的教育家、思想家，曾任南京高等师范学校教务主任，继任中华教育改进社总干事，先后创办晓庄学校、生活教育社、山海工学团、育才学校和社会大学，他对教育的思考与探索都汇集在他的著作中。为满足广大教育工作者和受教育者（特别是受教师教育者）的需要，特从陶行知先生的现存教育文集中精选四十余篇汇编为《优秀教师的自我修养》一书，以期对教师提高职业素养和专业修为有所帮助，并希冀能成为广大教师朋友或有志从事教育事业的朋友常看常思的案头书。

教师论是陶行知教育思想的重要组成部分，其中包括教师职业的定位、教师职业素养、师生关系、师师关系、教与学的关系等。陶行知的教师论，是在吸收古今中外先进教育理念的基础上，结合自己多年奋斗在教育事业上的经验总结而成。这充分体现了一位伟大的人民教育家为祖国和人民的教育事业甘当人梯、甘当骆驼、勇于奉献的精神，也体现了他在教育理论上高屋建瓴的战略眼光。今天，我们重温陶行知先生的教师论，对于推进和发展教师队伍的建设具有重要的现实指导意义。

需要读者朋友注意的是，陶行知先生生活的年代正处于时代巨变与中国社会转型之际，由新文化运动所催发的白话文革命带来了更容易为普罗大众所理解和接受的通俗文体表达，但与我们现在意义上的文本表达存在一些差异，为更好地保留原文的时代印记，还原陶行知先生的思想原貌，编辑整理过程中并未严格按照现今的语言表达习惯和规范对陶行知先生的文章进行修改，只对确实不符合语言表达规范同时又影响文意通畅的表述进行了修改，其他文字基本保留原貌，还望读者朋友周知。

限于编者水平，难免挂一漏万，恳请读者朋友不吝赐教、批评指正，在此谨表谢忱。

目　录

教学合一 / 1

第一流的教育家 / 4

我们的信条 / 6

试验乡村师范学校答客问 / 8

“伪知识”阶级 / 15

行是知之始 / 27

教学做合一 / 30

在劳力上劳心 / 33

以教人者教己 / 36

湘湖教学做讨论会记 / 38

答朱端琰之问 / 46

一个教师与家长的答复——出头处要自由！ / 57

关于编辑儿童科学丛书的一封信 / 60

怎样做小先生 / 63

通不通？ / 79

每天四问 / 84

育才学校校歌 / 94

从五周年看五十周年 / 97

创造宣言 / 101

创造年献诗 / 105

创造的儿童教育 / 107

敲碎儿童的地狱，创造儿童的乐园 / 114

民主的儿童节 / 119

小学教师与民主运动 / 121

社会大学颂 / 127

社会大学运动 / 133

给育才学校师生的最后一封信 / 137

生利主义之职业教育 / 139

南京安徽公学办学旨趣 / 148

半周岁的燕子矶国民学校——一个用钱少的活学校 / 152

评陈著之《家庭教育》——愿与天下父母共读之 / 157

整个的校长 / 161

天将明之师范学校——江宁县立师范学校半日生活记 / 163

无锡小学之新生命——开原乡立第一小学一日生活记 / 168

答操震球之问 / 177

育才学校创办旨趣 / 178

育才学校教育纲要草案 / 182

说书 / 192

传递先生 / 193

贺客与吊客 / 194

教育与科学方法 / 196

学问之要素——答程仲沂先生的信 / 201

预备钢头碰铁钉——给吴立邦小朋友的信 / 202

师生共生活——给姚文采弟的信 / 205

我之学校观 / 207

教育改进 / 210

师范生的第一变——变个孙悟空 / 216

师范生的第二变 ——变个小孩子 / 221

传统教育与生活教育有什么区别 / 225

为中国教育寻觅曙光——致王琳的信 / 227

平民教育概论 / 228

教学合一

现在的人叫在学校里做先生的为教员，叫他所做的事体为教书，叫他所用的法子为教授法，好像先生是专门教学生些书本知识的人。他似乎除了教以外，便没有别的本领；除书之外，便没有别的事教。而在这种学校里的学生，除了受教之外，也没有别的功课。先生只管教，学生只管受教，好像是学的事体，都被教的事体打消掉了。论起名字来，居然是学校；讲起实在来，却又像教校。这都是因为重教太过，所以不知不觉的就将他和学分离了。然而教学两者，实在是不能分离的，实在是应当合一的。依我看来，教学要合一，有三个理由：

第一，先生的责任不在教，而在教学，而在教学生学。大凡世界上的先生可分三种：第一种只会教书，只会拿一本书要儿童来读他，记他，把那活泼的小孩子做个书架子、字纸篓。先生好像是书架子、字纸篓之制造家，学校好像是书架子、字纸篓的制造厂。第二种的先生，不是教书，乃是教学生；他所注意的中心点，从书本上移在学生身上来了。不像从前拿学生来配书本，现在他拿书本来配学生了。他不但是要拿书本来配学生，凡是学生需要的，他都拿来给他们。这种办法，固然比第一种好得多，然而学生还是在被动的地位，因为先生不能一生一世跟着学生。热心的先生，固想将他所有的传给学生，然而世界上新理无穷，先生安能尽把天地间的奥妙为学生一齐发明？既然不能与学生一齐发明，那他所能给学生的，也是有限的，其余还是要学生自己去找出来的。况且事事要先生传授，既有先生，何必又要学生呢？所以专拿现成的材料来教学生，总归还是不妥当的。那么，先生究竟应该怎样子才好？我以为好的先生不是教书，不是教学生，乃是教学生学。教学生学是什么意思呢？就是把教和学联络起来：一方面要先生负指导的责任，一方面要学生负学习的责任。对于一个问题，不是要先生拿现成的解决方法来传授学生，乃是要把这个解决方法如何找来的手续程序，安排停当，指导他，使他以最短的时间，经过相类的经验，发生相类的理想，自己将这个方法找出来，并且能够利用这种经验理想来找别的方法，解决别的问题。得了这种经验理想，然后学生才能探知识的本源，求知识的归宿，对于世界一切真理，不难取之无尽，用之无穷了。这就是孟子所说的“自得”，也就是现今教育家所主张的“自动”。所以要想学生自得自动，必先有教学生学的先生。这是教学应该合一的第一个理由。

第二，教的法子必须根据于学的法子。从前的先生，只管照自己的意思去教学生；凡是学生的才能兴味，一概不顾，专门勉强拿学生来凑他的教法，配他的教材。一来先生收效很少，二来学生苦恼太多，这都是教学不合一的流弊。如果让教的法子自然根据学的法子，那时先生就费力少而成功多，学生一方面也就能够乐学了。所以怎样学就须怎样教：学得多，教得多；学得少，教得少；学得快，教得快；学得慢，教得慢。这是教学应该合一的第二个理由。

第三，先生不但要拿他教的法子和学生学的法子联络，并须和他自己的学问联络起来。做先生的，应该一面教一面学，并不是贩买些知识来，就可以终身卖不尽的。现在教育界的通病，就是各人拿从前所学的抄袭过来，传给学生。看他书房里书架上所摆设的，无非是从前读过的几本旧教科书；就是这几本书，也还未必去温习的，何况乎研究新的学问，求新的进步呢？先生既没有进步，学生也就难有进步了。这也是教学分离的流弊。那好的先生就不是这样，他必定是一方面指导学生，一方面研究学问。如同柏林大学包尔孙先生（Fr. Paulsen）说："德国大学的教员，就是科学家。科学家就是教员。"德国学术发达，大半靠着这教学相长的精神。因为时常研究学问，就能时常找到新理。这不但是教诲丰富，学生能多得些益处，而且时常有新的材料发表，也是做先生的一件畅快的事体。因为教育界无限枯寂的生活，都是因为当事的人封于故步，不能自新所致。孔子说："学而不厌，诲人不倦。"真是过来人阅历之谈。因为必定要学而不厌，然后才能诲人不倦；否则年年照样画葫芦，我却觉得十分的枯燥。所以要想得教育英才的快乐，首先要把教学合而为一。这是教学应该合一的第三个理由。

一、先生的责任在教学生学；二、先生教的法子必须根据学的法子；三、先生须一面教一面学。这是教学合一的三种理由。第一种和第二种理由是说先生的教应该和学生的学联络，第三种理由是说先生的教应该和先生的学联络。有了这样的联络，然后先生学生都能自得自动，都有机会方法找那无价的新理了。

——1919 年 2 月 14 日《时报》副刊《世界教育新思潮》

第一流的教育家

我们常见的教育家有三种：一种是政客的教育家，他只会运动，把持，说官话；一种是书生的教育家，他只会读书，教书，做文章；一种是经验的教育家，他只会盲行，盲动，闷起头来，办……办……办。第一种不必说了，第二第三两种也都不是最高尚的。依我看来，今日的教育家，必定要在下列两种要素当中得了一种，方才可以算为第一流的人物。

（一）敢探未发明的新理。我们在教育界做事的人，胆量太小，对于一切新理，小惊大怪。如同小孩子见生人，怕和他接近；又如同小孩子遇了黑房，怕走进去。究其结果，他的一举一动，不是乞灵古人，就是仿效外国。也如同一个小孩子吃饭、穿衣，都要母亲帮助，走几步路，也要人扶着，真是可怜。我们在教育界任事的人，如果想自立，想进步，就须胆量放大，将试验精神，向那未发明的新理贯射过去；不怕辛苦，不怕疲倦，不怕障碍，不怕失败，一心要把那教育的奥妙新理，一个个的发现出来。这是何等的魄力，教育界有这种魄力的人，不愧受我们崇拜！

（二）敢入未开化的边疆。从前的秀才以为，“不出门能知天下事”。久而久之，“不出门”就变做“不敢出门”了。我们现在的学子，还没有解脱这种风气。试将各学校的《同学录》拿来一看，毕业生多半是在本地服务，那在外省服务的，已经不可多得，边疆更不必说了。一般有志办学的人，也专门在有学校的地方凑热闹，把那边疆和内地的教育，都置在度外。推其原故，只有一个病根，这病根就是怕。怕难，怕苦，怕孤，怕死，就好好的埋没了一生。我们还要进一步看，在这些地方究竟是谁的山河？究竟是谁的同胞？教育保国究竟是谁的责任？要晓得，国家有一块未开化的土地，有一个未受教育的人民，都是由于我们没尽到责任。责任明白了，就放大胆量，单身匹马，大刀阔斧，做个边疆教育的先锋，把那边疆的门户，一扇一扇的都给他打开。这又是何等的魄力！有这种魄力的人，也不愧受我们崇拜。

敢探未发明的新理，即是创造精神；敢入未开化的边疆，即是开辟精神。创造时，目光要深；开辟时，目光要远。总起来说，创造、开辟都要有胆量。在教育界，有胆量创造的人，即是创造的教育家；有胆量开辟的人，即是开辟的教育家，都是第一流的人物。大丈夫不能舍身试验室，亦当埋骨边疆尘，岂宜随便过去！但是这种人才，究竟要到什么时候才能出现？究竟要由什么学校造就？究竟要用什么方法养成？可算是我们现在最关心的问题。

——1919 年 4 月 21 日《时报》副刊《世界教育新思潮》

我们的信条

《我们的信条》虽是我用笔写的，但不是我创的。我参观诸位先生在学校里实际的工作，心里不由人起了好多印象，积起来共有十八项，我就依着次序编成这套信条。所以这是诸位先生自己原来的信条，早已接受实行，今日只是大家共同温习一遍，并下定决心，终身奉行，始终如一。

我们从事乡村教育的同志，要把我们整个的心献给我们三万万四千万的农民。我们要向着农民“烧心香”。我们心里要充满那农民的甘苦。我们要常常念着农民的痛苦，常常念着他们所想得的幸福，我们必须有一个“农民甘苦化的心”才配为农民服务，才配担负改造乡村生活的新使命。倘使个个乡村教师的心都经过了“农民甘苦化”，我深信他们必定能够叫中国个个乡村变做天堂，变做乐园，变做中华民国的健全的自治单位。这是我们绝大的机会，也就是我们绝大的责任。

一、我们深信教育是国家万年根本大计。

二、我们深信生活是教育的中心。

三、我们深信健康是生活的出发点，也就是教育的出发点。

四、我们深信教育应当培植生活力，使学生向上长。

五、我们深信教育应当把环境的阻力化为助力。

六、我们深信教法学法做法合一。

七、我们深信师生共生活，共甘苦，为最好的教育。

八、我们深信教师应当以身作则。

九、我们深信教师必须学而不厌，才能诲人不倦。

十、我们深信教师应当运用困难，以发展思想及奋斗精神。

十一、我们深信教师应当做人民的朋友。

十二、我们深信乡村学校应当做改造乡村生活的中心。

十三、我们深信乡村教师应当做改造乡村生活的灵魂。

十四、我们深信乡村教师必须有农夫的身手、科学的头脑、改造社会的精神。

十五、我们深信乡村教师应当用科学的方法去征服自然，美术的观念去改造社会。

十六、我们深信乡村教师要用最少的经费办理最好的教育。

十七、我们深信最高尚的精神是人生无价之宝，非金钱所能买得来，就不必靠金钱而后振作，尤不可因钱少而推诿。

十八、我们深信如果全国教师对于儿童教育都有“鞠躬尽瘁，死而后已”的决心，必能为我们民族创造一个伟大的新生命。

民国十五年十一月二十一日中华教育改进社特约乡村学校——江宁县教育局管辖燕子矶小学、尧化门小学、笆斗山小学、江苏省立明陵小学——教职员在明陵小学开第一次联合研究会，由全体会员通过。

—— 1926 年 12 月 10 日《新教育评论》第 3 卷第 2 期

试验乡村师范学校答客问

乡村师范学校是什么？

乡村师范学校是依据乡村实际生活，造就乡村学校教师、校长、辅导员的地方。

为什么要加上试验两个字？

中国乡村教育走错了路，现在已经到了山穷水尽，不得不另找生路。试验就是用科学的方法去采新的生路。我们在前面已经看着一线光明，不能说是十分有把握，但深愿“试他一试”。

这个学校是谁办的？

这个学校是中华教育改进社结合少数乡村教育同志办的。

中华教育改进社为什么要发这种宏愿？

中华教育改进社三年以来对于乡村教育素所注意，近来更觉得这件事是立国的根本大计。估计起来，中国有一百万个乡村，就须有一百万所学校，最少就须有一百万位教师。个个乡村里都应当有学校，更应当有好学校。要有好的学校，先要有好的教师。好的教师有生成的，有学成的。生成的好教师如同凤毛麟角，不可多得，恐怕一百万位乡村教师当中，九十九万九千九百位是要用特殊的训练把他们培养成功的。这是一件伟大的事业，要全国同志运用心力财力才能办到。本社不忍放弃国家一分子的责任，所以很情愿在万难中设立这个小小的试验乡村师范，为的是要造就好的乡村教师去办理好的乡村学校。

乡村教师要怎样才算好？

好的乡村教师，第一有农夫的身手，第二有科学的头脑，第三有改造社会的精神。他足迹所到的地方，一年能使学校气象生动，二年能使社会信仰教育，三年能使科学农业著效，四年能使村自治告成，五年能使活的教育普及，十年能使荒山成林，废人生利。这种教师就是改造乡村生活的灵魂。

乡村学校要怎样才算好？

有了这样好教师，就算是好的乡村学校；好的乡村学校，就是改造乡村生活的中心。

现在中国有没有这种学校？

现在中国有少数乡村学校确是朝着这条路走。他们的精神确系要令人起敬。如同燕子矶小学、尧化门小学、开原小学都是著有成绩的乡村学校。最近改造的江宁县立师范学校、明陵小学、笆斗山小学，成绩也有可观。别的地方一定也有这种学校，因为不晓得清楚，不能列举。这几个学校假使再给他们五年或十年的时间，当能使这些乡村得到一种新生命，开创一个新纪元。

这些学校为什么办得这样好？

因为他们的教职员有办理乡村教育的天才，并且有虚心研究学问的精神。

这些学校与试验乡村师范要发生什么关系？

因为地点接近燕子矶小学和尧化门小学，已经特约为试验乡村师范学校的中心小学，其他学校，就辅助分工研究关于乡村小学的种种问题。

何谓中心小学？

中心小学以乡村实际生活为中心，同时又为试验乡村师范的中心。平常师范学校的小学叫做附属小学，我们要打破附属品的观念，所以称它为中心小学。中心小学是师范学校的主脑，不是师范学校的附属品。中心小学是师范学校的母亲，不是师范学校的儿子。中心小学是太阳，师范学校是行星。师范学校的使命是要传布中心学校的精神、方法和因地制宜的本领。

试验乡村师范学校依据中心小学办理，已经听得明白，但究竟采用什么方法使他实现呢？

我们的一条鞭的方法就是教学做合一。

什么是教学做合一？

教学做合一是：教的法子根据学的法子，学的法子根据做的法子。事怎样做就怎样学，怎样学就怎样教。比如种田这件事要在田里做，就要在田里学，也就要在田里教。教学做有一个共同的中心，这个中心就是“事”，就是实际生活，教学做都要在“必有事焉”上用功。

试验乡村师范的课程与平常学校有什么不同的地方？

试验乡村师范的全部课程就是全部生活，我们没有课外的生活，也没有生活外的课。约略分起来，共有五门：一、中心小学生活教学做。二、中心小学行政教学做。三、师范学校第一院院务教学做。四、征服天然环境教学做。五、改造社会环境教学做。

什么是第一院?

我们的师范学校将来要分两院，第一院是招收他校末一年半学生及相等程度之在职人员，加以一年半的训练；第二院是完全师范制，一切训练，都由本校始终其事。因为第一种办法较为轻而易举，所以先办第一院。

什么是院务教学做?

我们第一院里面种种事务都是要学生分任去做的，什么文牍、会计、庶务、烧饭、种菜，都是要学生轮流学习的。全校只用一个校工担任挑水一类的事，其余一切操作，都列为正课，由学生躬亲从事。

师范生要学习烧饭种菜，这是什么道理?

乡村里当教师，不会烹饪，就要吃苦。我们晓得师范生初到乡间去充当教师，有的时候，不免饿得肚皮叫，就是因为他们不会炊事。从前科举时代文人因过考需要，大多数都会烹饪。现在讲究洋八股，反把这些实用的本领挥之门外，简直比科举还坏。所以我们这里的口号是:“不会种菜，不算学生”，“不会烧饭，不得毕业”。

教师处于什么地位?

本校各科教师都称为指导员，不称为教员。他们指导学生教学做，他们与学生共教、共学、共做、共生活。不但如此，高级程度学生对于低级程度学生也要负指导之责。

什么资格的学生可以进来呢?

初级中等学校、高级中等学校、专门大学校末了一年半的学生和在职教职员有同等程度的都可以投考。但是他们必须有农事或土木工经验，方才有考取的把握。这是顶重要的资格，这两个条件完全没有的人不必来考。凡是小名士、书呆子、文凭迷的都最好不来。如果有人想办乡村小学，为预储师资起见，保送合格学生来学，学成就去办学，这是我们最欢迎的。

考些什么功课？

我们所要考的有五样东西：一、农事或土木工操作；二、智慧测验；三、常识测验；四、作国文一篇；五、三分钟演说。

收录多少学生呢？

我们现在暂定为二十名，倘使我们在这两个月当中经费可以多筹些，如果合格学生很多，我们也可以多取几名。倘使合格学生很少，我们就少取几名；只要有一个合格学生，我们都是要开办的。我们教一个学生和教一千个学生一样的起劲，因为如果这个学生是个人才，他对于乡村教育必有相当的贡献。一个人是千万人的出发点。倘使我们这次招生只能得到一个真学生，我们也就心满意足了。

毕业年限怎样？

我们的修业年限暂订为一年半，但不是一定不移的，可以按照实在情形酌量伸缩。不过修业后必须服务半年，经本校派员考查，确有精神表现，才发给各种毕业证书。

费用要多少呢？

本校学费一概不收，收膳费每月暂以五元为最高额，由师生共同经管。杂费依最节省限度另订。学生种田，照佃户租田公允办法，每年赚钱多少，看自己运用心力的勤惰巧拙，统归本人所用，帐目完全公开。

试验乡村师范学校设在何处？

这个学校设在南京神策门外迈皋桥，离燕子矶、尧化门都很近。我们准备了田园二百亩，供师生耕种；荒山数座，供师生造林；最少数经费，供师生自造茅草屋居住。

茅草屋怎样布置？

每个茅草屋住十一个人：十位学生，一位指导员。里面有阅书室，会客室，饭厅和盥洗室、厕所。屋外后面附一个小厨房，厨房之后，有一小菜园。

茅草屋没有造成住在何处？

住在帐篷里。谁的茅草屋没有造好，谁就要住在帐篷里。十一个人都要受茅草屋指导员的指导。按照图样建造一个优美的、卫生的、坚固的、合用的、省钱的茅草屋。个个人都要参加，都要动手。教师不但是教书，学生不但是读书，他们是到这里来共同创造一个学校。从院长起以及到学生，谁不造成茅草屋，谁就永久住在帐篷里。

宿舍之外还有什么？

本校一切建筑都是茅草屋。除宿舍外，我们要有图书馆、科学馆、教室、娱乐室、体操室、浴室、陈列所、医院、动物园、指导员家属住宅，都要逐渐使它们成立，但总依据茅草屋的形式建筑。

简括些说起来，试验乡村师范的精神究竟何在？

本校的精神可以拿本校校旗之意义来代表。旗之中心有一个小圆圈，里面有个“活”字，代表所要培养之生活力。圈外有个等边三角，代表教、学、做三者合一。三角上面有一个“心”放在当中，表示关心农民甘苦之意。左边有一支笔，右边有一把锄头。三角之外有一大圆圈放射光芒，好比是太阳光。四面有一百个金色星布满全旗，代表一百万个学校，改造一百万个乡村，使个个乡村都得到光，合起来造成中华民国的伟大的光。

——1927 年 1 月 16 日《乡教丛讯》第 1 卷第 2 期

“伪知识”阶级

自从俄国革命以来，“知识阶级”这个名词忽然引起了世人之注意。在打倒知识阶级呼声之下，我们不得不问一问：什么是知识阶级？知识阶级是怎样造成的？应当不应当把他打倒？这些问题曾经盘旋于我们心中，继续不断的要求我们解答。近来的方向又转过来了，打倒知识阶级的呼声一变而为拥护知识阶级的呼声。我们又不得不问一问：什么是知识阶级？知识阶级是怎样造成的？应当不应当将他拥护？在这两种相反的呼声里面，我都曾平心静气的把这些问题研究了一番，我所得的答案是一致的。我现在要把我一年来对于这些问题考虑的结果写出来，与有同样兴趣的朋友们交换意见。

我们要想把知识阶级研究得明白，首先便须分别“知识”与“智慧”。智慧是生成的，知识是学来的。孟子说：“由射于百步之外也：其至尔力也；其中非尔力也。”会射箭的人能百步穿杨。射到一百步的力量是生成的限度。到了一百步还能穿过杨树的一片叶子，那便是学来的技巧了。这就是智慧与知识的分别。又比如言语：说话的能力是生成的，属于智慧；说中国话、日本话、柏林话、拉萨话，便是学成的，属于知识。人的禀赋各不相同，生成的智慧至为不齐。

有的是最聪明的，有的是最愚笨的。但从最愚笨的人到最聪明的人，种种差别都是渐渐的推上去的。假使我们把一千个人按着聪明的大小排列成行，我们就晓得最聪明的是少数，最愚笨的也是少数，而各人和靠近的人比起来都差不了几多。我们只觉得各个不同并找不出聪明人和愚笨人中间有什么鸿沟。我们可以用一个最浅近的比方把这个道理说出来。人的长矮也是生成的。我们可以把一千个人依着他们的长矮顺序排列：从长子看到矮子，只见各人也是渐渐的一个比一个矮；从矮子看到长子，只见各人也是渐渐的一个比一个长。在寻常状态之下，我们找不出一大群的长子，叫做长子阶级，也找不出一大群的矮子，叫做矮子阶级。我们在上海的大马路上或是在燕子矶关帝庙会里仔细一望，就可以明白这个道理。从人之长矮推论到人之智愚，我们更可明白生成之智慧只有渐渐的差别，没有对垒的阶级。智慧既无阶级，自然谈不到打倒拥护的问题。

其次，我们要考察知识的本身。知识有真有伪。思想与行为结合而产生的知识是真知识。真知识的根是安在经验里的，从经验里发芽抽条开花结果的是真知灼见。真知灼见是跟着智慧走的。同处一个环境，同等的智慧可得同等的真知灼见。智慧是渐渐的相差，所以真知灼见也是渐渐相差。智慧既无阶级，真知识也就没有阶级。俗话说："三百六十行，行行出状元。"真知识只有直行的类别，没有横截的阶级。各行的人有绝顶聪明的人，也有绝不中用的人。但在他们中间的人，智力上的差别和运用智力取得之真知识的差别都是渐渐的，都是没有阶级可言。倘使要把三百六十行的上智联合起来，称为知识阶级，再把三百六十行的下愚联合起来，称为无知识阶级，那就是一件很勉强很不自然的事了。

照这样说来，世界上不是没有知识阶级了吗？不，伪知识能成阶级！什么是伪知识？不是从经验里发生出来的知识便是伪知识。比如知道冰是冷的，火是热的是知识。小孩儿用手摸着冰便觉得冷，从摸着冰而得到“冰是冷的”的知识是真知识。小孩儿单用耳听见妈妈说冰是冷的而得到“冰是冷的”的知识是伪知识。小孩儿用身靠近火便觉得热，从靠近火而得到“火是热的”的知识是真知识。小孩儿单用耳听妈妈说火是热的而得到“火是热的”的知识是伪知识。有人在这里便起了疑问：“如果样样知识都要从自己经验里得来，岂不是麻烦得很？人生经验有限，若以经验范围的知识，那么所谓知识岂不是也很有限了吗？没有到过热带的人，就不能了解热带是热的吗？没有到过北冰洋的人，就不能了解北冰洋是冷的吗？”这些疑问是很重要的，我们必须把他们解答清楚，方能明了真知识与伪知识的分别。我只说真知识的根是要安在经验里，没有说样样知识都要从自己的经验上得来。假使我们抹煞别人经验里所发生的知识而不去运用，那真可算是世界上第一个大呆子。我们的问题是要如何运用别人经验里所发生的知识，使他成为我们的真知识，而不要成为我们的伪知识。比如接树：一种树枝可以接到别一种树枝上去，使它格外发荣滋长，开更美丽之花，结更好吃之果。如果把别人从经验发生之知识，接到我们从自己经验发生之知识之上去，那么，我们的知识必可格外扩充，生活必可格外丰富。我们要有自己的经验做根，以这经验所发生的知识做枝，然后别人的知识方才可以接得上去，别人的知识方才成为我们知识的一个有机体部分。这样一来，别人的知识在我们的经验里活着，我们的经验也就生长到别人知识里去开花结果。至此别人的知识便成了我们的真知识，其实，他已经不是别人的知识而是自己的知识了。倘若对于某种知识，自己的经验上无根可找，那么无论如何勉强，也是接不活的。比如在厨房里烧过火的人，或是在火炉边烤过火的人，或是把手给火烫过的人，便可以懂得热带是热的；在冰房里去过的人，或是在冰窖里呆过的人，或是做过雪罗汉的人，便可以懂得北冰洋是冷的。对于这些人，“热带是热的，北冰洋是冷的”，虽从书本上看来，或别人演讲时听来，也是真知识。倘自己对于冷热的经验丝毫没有，那么，这些知识，虽是学而时习之，背得熟透了，也是与他无关的伪知识。

知识的一部分是藏在文字里，我们的问题又成为：“什么文字是真知识？什么文字是伪知识？”经验比如准备金，文字比如钞票。钞票是准备金的代表，好一比文字是经验的代表。银行要做正经生意必须根据准备金去发行钞票。钞票是不可滥发的。学者不愿自欺欺人，必须根据经验去发表文字，文字是不可滥写的。滥发钞票，钞票便不值钱；滥写文字，文字也不值钱。欧战后，德国马克一落千丈。当时有句笑话，说是：“请得一席客，汽车载马克。”这句话的意思是马克纸币价格跌的太低，寻常请一席酒要用汽车装马克去付帐。这是德国不根据准备金而滥发纸币之过。滥发钞票，则虽名为钞票，几是假钞票。吾国文人写出了汗牛充栋的文字，青年学子把他们在脑袋子里都装满了，拿出来，换不得一肚饱。这些文字和德国纸马克是一样的不值钱，因为他们是在经验以外滥发的文字，是不值钱的伪知识。

我国先秦诸子如老子、孔子、孟子、庄子、墨子、杨子、荀子等都能凭着自己的经验发表文字，故有独到的议论。他们好比是根据自己的准备金发可靠的钞票。孔子很谦虚，只说“述而不作，信而好古”，自居为根据古人的准备金为古人清理钞票，他只承认删诗书，定礼乐，为取缔滥发钞票的工作。孟子虽是孔家的忠实行员，但心眼稍窄，只许孔家一家银行存在，拼命的要打倒杨家、墨家的钞票。汉朝以后，学者多数靠着孔子的信用，继续不断的滥发钞票，甚至于又以所滥发的钞票做准备库，滥上加滥的发个不已，以至于汗牛充栋。韩文公的脾气有些像孟子，他眼看佛家银行渐渐的兴旺，气愤不过，恨不得要拼命将他封闭，把佛家银行的行员杀得干干净净。他至今享了“文起八代之衰”的盛名。但据我看来，所谓“文起八代之衰”，只是把孔家银行历代经理所滥发的钞票换些新票而已，他又乘换印新票的时候顺带滥发了些新钞票。程、朱、陆、王纵有许多贡献及不同的地方，但是他们四个人大部分的工作还是根据孔、孟合办银行的招牌，和从前滥发的钞票去滥发钞票。他们此时正与佛家银行做点汇兑，所以又根据佛家银行的钞票，去滥发了些钞票。颜习斋看不过眼，谨慎地守着孔家银行的准备库，一方面大声疾呼的要严格按着准备金额发行钞票，一方面要感化佛家银行行员使他无形解体。他是孔家银行里一位最忠实的行员，可是他所谨守的金库里面有许多金子已经上锈了。等到八股发达到极点，朱注的“四书”被拥护上天的时候，全国的人乃是以朱子所发的钞票当为准备金而大滥特滥的去发钞票了。至此中国的知识真正濒于破产了。吴稚晖先生劝胡适之先生不要迷信整理国故，自有道理。但我觉得整理国故如同清理银行帐目一样，是有他的位置的。我们希望整理国故的先生们经过很缜密的工作之后，能够给我们一本报告，使我们知道国故银行究有几多准备金，究能发行多少钞票，哪些钞票是滥发的。不过他们要谨慎些，千万不可一踏进银行门，也去滥发钞票。如果这样，那这笔帐更要糊涂了。总括一句：只有从经验里发生出来的文字才是真的文字知识，凡不是从经验里发生出来的文字都是伪的文字知识。伪的文字知识比没有准备金的钞票还要害人，还要不值钱。

伪的知识，伪的文字知识既是害人又不值钱，那么，它如何能够存在呢？产生伪知识的人，应当连饭都弄不到吃，他们又如何能成阶级呢？伪知识和伪钞一样必须得到特殊势力之保障拥护才能存在。“伪知识”阶级是特殊势力造成的，这特殊势力在中国便是皇帝。

创业的皇帝大都是天才。天才忌天才是很自然的一件事。天下最厉害的无过于天才得了真知识。如果政治的天才从经验上得了关于政治的真知灼见，谁的江山也坐不稳。做皇帝的人，特别是创业之主，是十分明了此中关系的，并且是一百分的不愿意把江山给人夺去。他要把江山当作子孙万世之业，必得要收拾这些天才。收拾的法子是使天才离开真知识去取伪知识。天才如何就他的范围，进他的圈套呢？说来倒很简单。皇帝引诱天才进伪知识的圈套有几个法子。一、照他的意旨在伪知识上用功，便有吃好饭的希望。俗语说：“只有穷秀才，没有穷举人。”伪知识的功夫做得愈高愈深，便愈能解决吃饭问题。二、照他的意旨在伪知识上用功便有做大官的希望。世上之安富尊荣，尽他享受。中了状元还可以做驸马爷，娶皇帝的女儿为妻。穿破布烂棉花去赴朝考的人个个都有衣锦回乡的可能。三、照他的意旨在伪知识上用功便有荣宗耀祖的希望。这样一来，全家全族的人都在那儿拿着鞭子代皇帝使劲赶他进圈套了。倘使他没有旅费，亲族必定要为他凑个会，或是借钱给他去应试。倘使他不去，又必定要用“不长进”一类的话来羞辱他，使他觉得不去应试是可耻的。全家、全族的力量都做皇帝的后盾，把天才的儿孙像赶驴子样一个个的赶进皇帝的圈套，天下的天才乃没有能幸免的了。

“伪知识”阶级不是少数人可以组织成功的。有了皇帝做大批的收买，全社会做这大批生意的买办，个人为名利权位所诱而不能抵抗出卖，“伪知识”阶级乃完全告成。依皇帝的目光看来，这便是“天下英雄，入我彀中”。雄才大略的帝王个个有此野心，不过唐太宗口快，无意中把它说破罢了。最可叹的是皇帝手段太辣，一方面是积极地推崇伪知识，所谓“满朝朱紫贵，尽是读书人”一类的话，连小孩子都背熟了。一方面是消极的贱视伪知识以外的人，所谓“万般皆下品，惟有读书高”，又是从娘胎里就受迷的。所以不但政治天才入了彀，七十二行，行行的天才都入了他的圈套了。天才是遗传的，有其父必有其子。老子进了圈套，儿子、孙子都不得不进圈套，只要“书香之家”四个大字便可把全家世世代代的天才圈入“伪知识”阶级。等到八股取士的制度开始，“伪知识”阶级的形成乃更进一步。以前帝王所收买的知识还夹了几分真，等到八股发明以后，全国士人三更灯火五更鸡去钻取的知识乃是彻底不值钱的伪知识了。这种知识除了帝王别有用意之外，再也没有一人肯用钱买的了；就是帝王买去也是丝毫无用，也是一堆一堆的烧去不要的。帝王是醉翁之意不在酒。他哪里是收买伪知识，他只是用名利、权位的手段引诱全国天才进入“伪知识”的圈套，成为废人，不能与他的儿孙争雄罢了。

这些废人只是为“惜字炉”继续不断的制造燃料，他们对于知识的全体是毫无贡献的。从大的方面看，他们是居于必败之地。但从他们个人方面看，却也有幸而成的与不幸而败的之分别。他们成则为达官贵人，败则为土豪、劣绅、讼棍、刀笔吏、教书先生。最可痛心的，就是这些废人应考不中，只有做土豪、劣绅、讼棍、刀笔吏、教书先生的几条出路。他们没有真本领赚饭吃，只得拿假知识去抢饭吃，骗饭吃。土豪、劣绅、讼棍、刀笔吏之害人，我们是容易知道的。教书先生之害人更广、更深、更切，我们是不知道的。教书先生直接为父兄教子弟，间接就是代帝王训练“伪知识”阶级。他们的知识，出卖给别人吧，嫌它太假，出卖给皇帝吧，又嫌它假得不彻底，不得已只好拿来哄骗小孩子。这样一来，非同小可，大书呆子教小书呆子，几几乎把全国中才以上的人都变成书呆子了，都勾引进“伪知识”阶级了。“伪知识”阶级的势力于是乎雄厚，于是乎牢不可破，于是乎继长增高，层出无穷。

皇帝与民争，用伪知识来消磨民间的天才，确是一个很妙的计策。等到民间的天才消磨已尽，忽然发生了国与国争，以伪知识的国与真知识的国抗衡，好比是拿鸡蛋碰石头，哪有不破碎的道理！鸦片之战，英、法联军之战，甲午之战，没有一次幸免，皇帝及大臣才明白伪知识靠不住，于是废八股，兴学堂。这未始不是一个转机。但是政权都操在“伪知识”阶级手中，他们哪会培养真知识？他们走不得几步路，就把狐狸尾巴拖出来了。他们自作聪明的把外国的教育制度整个的抄了一个来。他们曾用眼睛、耳朵、笔从外国贩来了些与国情接不上的伪知识。他们把书院变为学堂，把山长改为堂长。“四书”用不着了，一律换为各种科学的教科书。标本、仪器很好看，姑且拣那最好看的买他一套，在玻璃柜里陈列着，可以给客人参观参观。射箭很不时髦，要讲尚武精神，自须学习兵操。好，他们很信他们的木头枪真能捍国卫民咧！这就算是变法！这就算是维新！这就算是自强！一般社会对于这些换汤不换药的学堂却是大惊小怪，称他们为洋学堂，又称学堂里的学生为洋学生。办学的苦于得不到学生，于是除供饭食发零用外，还是依旧的按着学堂等级给功名：小学堂毕业给秀才，中学堂毕业给贡生，高等学堂毕业给举人，大学堂毕业给进士，外国留学回来的，赴朝考及第给翰林点状元。社会就称他们为洋秀才、洋贡生、洋举人、洋进士、洋翰林、洋状元。后来废除功名，改称学士、硕士、博士等名目，社会莫名其妙了。得到这些头衔的人还是仍旧用旧功名翻译新功名，说是学士等于秀才，硕士等于举人，博士等于翰林，第一名的博士便是从前的状元。说的人自以为得意，听的人由羡慕而称道不止，其实这还不是穿洋装的老八股吗？穿洋装的老八股就是洋八股。老八股好比是根据本国钞票发行的钞票；洋八股好比是根据外国钞票去发行的钞票，他们都是没有准备金的假钞票。洋八股和老八股虽有新旧之不同，但同是不是从经验里发生的真知识，同是不值钱的伪知识。从中国现在的情形看来，科学与玄学之争，只可说是洋八股与老八股之争。书本的科学，陈列的实验，岂能当科学实验之名。他和老八股是同样无用的东西。请看三十年来的科学，发明在哪里？制造在哪里？科学客倒遇见不少，真正的科学家在哪里？青年的学子！书本的科学是洋版的八股，在讲堂上高谈阔论的科学客，与蒙童馆里的冬烘先生是同胞兄弟，别给他们骗走了啊！

所以中国是有“伪知识”阶级。构成中国之“伪知识”阶级有两种成分：一是老八股派，二是洋八股派。这个阶级既靠伪知识骗饭吃，不靠真本领赚饭吃，便没有存在的理由。

这个阶级在中国现状之下已经是山穷水尽了。收买伪知识的帝王已经消灭，再也找不出第二个特殊势力能养这许多无聊的人。但因为惰性关系，青年们还是整千整万的向着这条死路出发，他们的亲友仍旧是拿着鞭儿在后面使劲的赶。可怜得很，这些青年个个弄得焦头烂额，等到觉悟回来，不能抢饭的便须讨饭。“伪知识”阶级的末路已经是很明显了，还用得着打倒吗？又值得拥护吗？

但是一般狡猾的“伪知识”者找着一个护身符，这护身符便是“读书”两个字。他们向我们反驳说：“书也不应当读了吗？”社会不明白他们葫芦里卖的是什么药，也就随声附和的说：“是啊！书何能不读呢！”于是“读书不忘救国；救国不忘读书”，便成了保障“伪知识”阶级的盾牌。所以不把读书这两个字说破，“伪知识”阶级的微生物便能在里面苟延残喘。我们应当明白，书只是一种工具，和锯子、锄头是一样的性质，都是给人用的。我们与其说“读书”，不如说“用书”。书里有真知识和伪知识，读他一辈子，不能辨别他的真伪，可是用他一下，书的本来面目便显了出来，真的便用得出去，伪的便用不出去，也如同真的锯子才能锯木头，真的锄头才能锄泥土，假的锯子、锄头一用到木头、泥土上去就知道它不行了。所以提到书便应说“用书”，不应说“读书”，那“伪知识”阶级便没得地方躲了。与“读书”联成一气的有“读书人”一个名词。这个名词，更要不得。假使书是应当读的，便应使人人有书读；决不能单使一部分的人有书读，叫做读书人；又一部分的人无书读，叫做不读书人。比如饭是应当吃的，便应使人人有饭吃。决不能使一部分的人有饭吃，叫做吃饭的人；又一部分的人无饭吃，叫做不吃饭的人。从另一方面看，只知道吃饭，不成为饭桶了吗？只知道读书，不成为有脚可以走路的活书架了吗？我们为避免堕入“伪知识”阶级的诡计起见，主张用书不主张读书。农人要用书，工人要用书，商人要用书，兵士要用书，医生要用书，律师要用书，画家要用书，教师要用书，音乐家要用书，戏剧家要用书，三百六十行，行行都要用书。行行都成了用书的人，真知识才愈益普及，愈能发现了。书是三百六十行的公物，不是读书人所能据为私有的。等到三百六十行都是用书人，读书的专利营业便完全打破，读书人除非改行，便不能混饭吃了。这个日子已经来到，大家还不觉悟，只有死路一条。凡受过中国新旧教育的人，都免不了有些“伪知识”的成分和倾向。为今之计，我们应当痛下四个决心：

一、从今以后，我们应当放弃一切固有的伪知识；

二、从今以后，我们应当拒绝承受一切新来的伪知识；

三、从今以后，我们应当制止自己再把伪知识传与后辈；

四、从今以后，我们应当陪着后起的青年共同努力去探真知识的泉源。

最后，我们要郑重地说：二十世纪以后的世界属于努力探获真知识的民族。凡是崇拜“伪知识”的民族都要渐就衰弱以至于灭亡。三百六十行中绝没有教书匠、读书人的地位；东西两半球上面也没有中华书呆国的立足点。我们个人与民族的生存都要以真知识为基础。“伪知识”是流沙，千万不可在他上面流连忘返。早一点觉悟，便是早一点离开死路，也就是早一点走向生活。这种生死关头，十分显明，绝无徘徊迟疑之余地，起个取真去伪的念头是走向生路的第一步。明白“伪知识”的买主已经死了永不复生并且绝了种，是走向生路的第二步。以做“读书”人或“教书”先生为最可耻，是走向生路的第三步。凡事手到心到，——在劳力上劳心——便是骑着千里驹在生路上飞跑了。

——1928 年 1 月 31 日《乡教丛讯》第 2 卷第 2 期

行是知之始

阳明先生说:“知是行之始，行是知之成。”我以为不对：行是知之始，知是行之成。我们先从小孩子说起，他起初必定是烫了手才知道火是热的，冰了手才知道雪是冷的，吃过糖才知道糖是甜的，碰过石头才知道石头是硬的。太阳地里晒过几回，厨房里烧饭时去过几回，夏天的生活尝过几回，才知道抽象的热。雪菩萨做过几次，霜风吹过几次，冰淇淋吃过几杯，才知道抽象的冷。白糖、红糖、芝麻糖、甘蔗、甘草吃过几回，才知道抽象的甜。碰着铁，碰着铜，碰着木头，经过好几回，才知道抽象的硬。才烫了手又冰了脸，那么，冷与热更能知道明白了；尝过甘草接着吃了黄连，那么甜与苦更能知道明白了；碰着石头之后就去拍棉花球，那么，硬与软更能知道明白了。凡此种种，我们都看得清楚“行是知之始，知是行之成”。佛兰克林放了风筝，才知道电气可以由一根线从天空引到地下。瓦特烧水，看见蒸汽推动壶盖，便知道蒸汽也能推动机器。伽利略在比萨斜塔上将轻重不同的球落下，便知道不同轻重之球是同时落地的。在这些科学发明上，我们又可以看得出“行是知之始，知是行之成”。

《墨辩》提出三种知识：一是亲知，二是闻知，三是说知。亲知是亲身得来的，就是从“行”中得来的。闻知是从旁人那儿得来的，或由师友口传，或由书本传达，都可以归为这一类。说知是推想出来的知识。现在一般学校里所注重的知识，只是闻知，几乎以闻知概括一切知识，亲知是几乎完全被挥于门外。说知也被忽略，最多也不过是些从闻知里推想出来的罢了。我们拿“行是知之始”来说明知识之来源，并不是否认闻知和说知，乃是承认亲知为一切知识之根本。闻知与说知必须安根于亲知里面方能发生效力。

试取演讲“三八主义”来做个例子。我们对一群毫无机器工厂劳动经验的青年演讲八小时工作的道理，无异耳边风，没有亲知做基础，闻知实在接不上去。假使内中有一位青年曾在上海纱厂做过几天工作或一整天工作，他对于这八小时工作的运动的意义，便有亲切的了解。有人说：“为了要明白八小时工作就是这样费力的去求经验，未免小题大做，太不经济。”我以为天下最经济的事无过这种亲知之取得。近代的政治经济问题便是集中在这种生活上。从过这种生活上得来的亲知，无异于取得近代政治经济问题的钥匙。

亲知为了解闻知之必要条件，已如上述。现再举一例，证明说知也是安根在亲知里面的。

白鼻福尔摩斯里面有一个奇怪的案子。一位放高利贷的老头子被人打死后，他的房里白墙上有一个血手印，大得奇怪，从手腕到中指尖有二尺八寸长。白鼻福尔摩斯一看这个奇怪手印，便断定凶手是没有手掌的，并且与手套铺是有关系的。他依据这个推想，果然找出住在一个手套铺楼上的科尔斯人就是这案的凶手，所用的凶器便是挂在门口做招牌的大铁手。他的推想力不能算小，但是假使他没有铁手招牌的亲知，又如何推想得出来呢？

这可见闻知、说知都是安根在亲知里面，便可见“行是知之始，知是行之成”。

—— 1927 年 6 月 3 日

教学做合一

“教学做合一”是本校的校训。我们学校的基础就是立在这五个字上，再也没有一件事比明了这五个字还重要了。说来倒很奇怪，我在本校从来没有演讲过这个题目，同志们也从没有一个人对这五个字发生过疑问。大家都好像觉得这是我们晓庄的家常便饭，用不着多嘴饶舌了。

可是我近来遇了两件事，使我觉得同志中实在还有不明了校训的意义的。一是看见一位指导员的教学做草案里面把活动分成三方面，叫做教的方面、学的方面、做的方面。这是教学做分家，不是教学做合一。二是看见一位同学在《乡教丛讯》上发表的一篇关于晓庄小学的文章。在这篇文章里，他说：“晓庄小学学生的课外作业就是农事教学做。”在教学做合一的学校的辞典里并没有“课外作业”。课外作业是生活与课程离婚的宣言，也就是教学做离婚之宣言。今年春天，洪深先生创办电影演员养成所，招生广告上有采用“教”“学”“做”办法字样，当时我一见这张广告，就觉得洪先生没有十分了解教学做合一。倘使他真正了解，他必定要写“教学做”办法，决不会写作“教”“学”“做”办法。他的误解和我上述的两个误解是相类的。

我接连受了这两次刺激，觉得非彻底的、原原本本的和大家讨论明白，怕要闹出绝大的误解。思想上发生误解，则实行上必定要引起矛盾。所以把这个题目来演讲一次是万不可少的。我自回国以后，看见国内学校里先生只管教、学生只管受教的情形，就认定有改革之必要。这种情形以大学为最坏。导师叫做教授，大家以被称教授为荣。他的方法叫做教授法，他好像是拿知识来赈济人的，我当时主张以教学法来代替教授法，在南京高等师范学校校务会议席上辩论二小时，不能通过，我也因此不接受教育专修科主任名义。八年，应《时报教育新思潮》主干蒋梦麟先生之征，撰《教学合一》一文，主张教的方法要根据学的方法。此时苏州师范学校首先赞成采用教学法。继而“五四”事起，南京高等师范同事无暇坚持，我就把全部课程中之教授法一律改为教学法。这是实现教学合一的起源。后来新学制颁布，我进一步主张：事怎样做就怎样学，怎样学就怎样教；教的法子要根据学的法子，学的法子要根据做的法子。这是民国十一年的事，教学做合一的理论已经成立了，但是教学做合一之名尚未出现。

前年，在南开大学演讲时，我仍用教学合一之题，张伯苓先生拟改为学做合一，我于是豁然贯通，直称为教学做合一。去年撰《中国师范教育建设论》时，即将教学做合一之原理作有系统之叙述。我现在要把最近的思想组织起来做进一步的叙述。教学做是一件事，不是三件事。我们要在做上教，在做上学。在做上教的是先生；在做上学的是学生。从先生对学生的关系说：做便是教；从学生对先生的关系说：做便是学。先生拿做来教，乃是真教；学生拿做来学，方是实学。不在做上用功夫，教固不成为教，学也不成为学。

从广义的教育观看，先生与学生并没有严格的区别。实际上，如果破除成见，六十岁的老翁可以跟六岁的儿童学好些事情。会的教人，不会的跟人学，是我们不知不觉中天天有的现象，因此教学做是合一的。因为一个活动对事说是做，对己说是学，对人说是教。比如种田这件事，是要在田里做的，便须在田里学，在田里教。游水也是如此。游水是在水里做的事，便须在水里学，在水里教。再进一步说，关于种稻的讲解，不是为讲解而讲解，乃是为种稻而讲解；关于种稻而看书，不是为看书而看书，乃是为种稻而看书。想把种稻教得好，要讲什么话就讲什么话，要看什么书就看什么书。我们不能说种稻是做，看书是学，讲解是教。为种稻而讲解，讲解也是做；为种稻而看书，看书也是做。这是种稻的教学做合一。

一切生活的教学做都要如此，方为一贯。否则教自教，学自学，连做也不是真做了。所以做是学的中心，也就是教的中心。“做”既占如此重要的位置，宝山县立师范学校竟把“教学做合一”改为“做学教合一”，这是格外有意思的。

——1927 年 11 月 2 日

在劳力上劳心

昨天我讲《教学做合一》的时候，曾经提及“做”是学的中心，可见做之重要。那末我们必须明白“做”是什么，才能明白教学做合一。盲行盲动是做吗？不是。胡思乱想是做吗？不是。只有手到心到才是真正的做。世界上有四种人：一种是劳心的人；一种是劳力的人；一种是劳心兼劳力的人；一种是在劳力上劳心的人。二元论的哲学把劳心的和劳力的人分成两个阶级。劳心的专门在心上做工夫；劳力的专门在苦力上讨生活。劳力的人只管闷起头来干；劳心的人只管闭起眼睛来想。劳力的人便成了无所用心，受人制裁；劳心的人便成了高等游民，愚弄无知，以致弄成“劳心者治人，劳力者治于人”的现象。不但如此，劳力而不劳心，则一切动作都是囿于故常，不能开创新的途径；劳心而不劳力，则一切思想难免玄之又玄，不能印证于经验。劳力与劳心分家，则一切进步发明都是不可能了。所以单单劳力，单单劳心，都不能算是真正之做。真正之做，须是在劳力上劳心。在劳力上劳心是真的一元论。

在这里我们应当连带讨论那似是而非的伪一元论。一次我和一位朋友讨论本校主张在劳力上劳心，我的朋友说：你们是劳力与劳心并重吗？我说：“我们是主张在劳力上劳心，不是主张劳力与劳心并重。”劳心与劳力并重虽似一元论，实在是以一人之身而分为两段：一段是劳心生活，一段是劳力生活，这种人的心与力都是劳而没有意识的。这种人的劳心或劳力都不能算是真正之做。真正之做只是在劳力上劳心，用心以制力。这样做的人要用心思去指挥力量，使能轻重得宜，以明对象变化的道理。这种人能以人力胜天工。世界上一切发明都是从他那里来的。他能改造世界，叫世界变色。

我们中国所讲的科学原理，古时有“致知在格物”一语，朱子用“在即物而穷其理”来解释，似乎是没有毛病的了。但是王阳明跟着朱子的话进行，便走入歧途。他叫钱友同格竹，格了三天，病了。他老先生便自告奋勇，亲自出马去格竹——即竹而穷竹理——格了七天，格不出什么道理来，也就病了。他不怪他自己格得不对，反而说天下之物本无可格，所能格的，只有自己的身心。他于是从格物跳到格心，中国的科学兴趣的嫩芽便因此枯萎了。假使他老先生起初不是迷信朱子的呆板的即物穷理，而是运用心思指挥力量以求物之变化，那便不至于堕入迷途。

在劳力上劳心，是一切发明之母。事事在劳力上劳心，便可得事物之真理。人人在劳力上劳心，便可无废人，便可无阶级。征服天然势力，创造大同社会，是立在同一的哲学基础上的。这个哲学的基础，便是“在劳力上劳心”。我们必须把人间的劳心者、劳力者、劳心兼劳力者一齐化为在劳力上劳心的人，然后万物之真理都可一一探获，人间之阶级都可一一化除，而我们理想之极乐世界乃有实现之可能。这个担子是要教师挑的。惟独贯彻在劳力上劳心的教育，才能造就在劳力上劳心的人类；也惟独在劳力上劳心的人类，才能征服自然势力，创造大同社会。

最后，我想打一个预防针，以免误解。一次有一位朋友告诉我说：“你们在劳心上劳力的主张，我极端的赞成。”我说：“如果是在劳心上劳力，我便极端不赞成了。我们的主张是‘在劳力上劳心’，不是‘在劳心上劳力’。”

——1928 年 1 月 21 日《乡教丛讯》第 2 卷第 2 期

以教人者教己

“以教人者教己”是本校根本方法之一，我们也必须说得很明白，方知他效用之大。昨天邵先生教纳税计算法，就是“以教人者教己”的例证。邵先生因为要教大家计算纳税，所以就去搜集种种材料，并把这些材料融会贯通起来，然后和盘托出，教大家计算。他因为要教大家，所以先教自己。他是用教大家的材料教自己。他年年纳税，但是总没有明白其中的内幕，今年为什么就弄得这样彻底明白呢？因为要教你们，所以他自己便不得不格外明白了。他从教纳税上学得的益处，怕比学生要多得多哩。近来韩先生教武术，不是要一位同学发口令吗？这便是以教人者教己。这位同学发口令时便是以同学教同学。因为要他发口令，所以他对于这套武术的步骤就格外明了。他在发口令上学，便是以教人者教己。第三中心小学潘先生是素来没有学过园艺的。但是第三中心小学有园艺一门功课，他必得教。既然要教园艺，他对于园艺便要格外学得清楚些。他拿园艺教小学生的时候便是拿园艺来教他自己。我们从昨天起开始交际教学做。第一次轮流到的便是孙从真女士。今天有客来，便须由她招待。

来宾到校必定要问许多问题，孙女士必须一一答复。但她是一位新学生，对于学校的经过历史、现在状况及未来计划，都是没有充分明了。因为要答复来宾的问题，她必须预先把这些事情弄得十分明白，才不致给来宾问倒。她答复来宾的问题时，从广义的教育看来，她便是在那儿教，来宾便是在那儿学。为了要答复来宾的问题，她自己就不得不先去弄得十分明白，这便是以教人者教己。我们平常看报，多半是随随便便的。假使我们要教小学生回家报告国家大事，那么我们看报的时候，便不得不聚精会神了。我们这样看报，比起寻常的效率不知道要大得几多倍哩！这便是借着教小孩讲国家大事来教自己明了国家大事。这便是以教人者教己。又比如锄头舞的歌词是我做的，对于这套歌词，诸位总以为我做了之后便是十分明了了。其实不然。我拿这歌词教燕子矶小学生时，方把他弄得十分明白。以前或可以说只有七八分明白，没有十分明白。自己做的歌词还要等到教人之后才能十分明白，由此可见“以教人者教己”的效力之宏。从这些例证上，我们可以归纳出一条最重要的学理。这学理就是：“为学而学，不如为教而学之亲切。为教而学，必须设身处地，努力使人明白；既要努力使人明白，自己便自然而然的格外明白了。”

——1928年2月12日《乡教丛讯》第2卷第3期

湘湖教学做讨论会记*

问（唐文粹）:“道尔顿制”与教学做合一之异同如何？

答：按“道尔顿制”，学生有一个时间的预算，依着进程表工作，不过它太看重了书本！它每门功课，都有实验室，其实只是图书室，在里面，学生根据先生准备好的问题，各人按照各人程度去找答案。它的好处，便是能够按照各人的程度工作——聪明一点的可以做得快些，愚笨一点的可以做得慢些。所以在这制度下的学生比较旧式学校里要自由得多。可惜太看重了书本，而且须初中以上的程度才能行。

“教学做合一”是以生活为中心。怎样做，就怎样学，怎样学就怎样教。所有的问题，都是从生活中发生出来的。从生活中发生出来的困难和疑问，才是实际的问题；用这种实际的问题来求解决才是实际的学问。它的实验室是大自然和大社会，不像“道尔顿制”那样专在书本上做功夫了。虽然书中也有一部分可以解决生活问题，不过书仅能用为生活的工具罢了。

问（叶纶恕）：什么是“教学做合一”？

答：教学做合一有两种含义：一是方法，二是生活的说明。在方法方面它主张教的法子根据学的法子；学的法子根据做的法子。不然，便要学非所用，用非所学了。

在又一方面，它是生活的说明，在做上教的是先生，在做上学的是学生。从先生对学生的关系说，做便是教；从学生对先生的关系说，做便是学。先生拿做来教，乃是真教；学生拿做来学，乃是实学。不在做上用工夫，教不成教，学也不成学。一个活动对事说是做，对己说是学，对人说是教。我们不能说种稻是做，看书是学，讲解是教。为种稻而讲解，讲解也是做；为种稻而看书，看书也是做。

例如烧饭是做，烧了一次饭得到一种经验而进步便是学；你的进步影响到别人，使得别人也进步，便是教。

又例如孙中山先生革命，也是教学做合一的。先生领导同志革命是做；越革越进步，像组织兴中会，改组同盟会，民国成立，改组国民党，后又改为中华革命党，以至于十三年改组为中国国民党，这便是学；他一面革命，一面人家受了他的影响，也同起而参加革命，这不是教吗？

西洋教育最好的是“研究所”，其余的中、大学都不大好。我有一次在美国参观一所研究所，觉得他的办法的确是教学做合一。一个六七十岁的老先生，带着几位助理，就是徒弟，在那儿共同研究。他自己研究蚊虫，看他是怎样产生，什么方法才能灭他，这便是做。他愈研究愈进步便是学。徒弟在旁边有研究蛇的，也有研究苍蝇的，都受他的影响而进步，便是教了。

连上海的绑匪，也是教学做合一，不然，一定利市没有发，包管被人捉了！冯玉祥练兵也是教学做合一的。他的军队之好连张作霖也承认。所以最好的教育，要想它有效，须是教学做合一；最坏的训练，要想它有效，也要教学做合一。教学做合一，是最有效力的法子。不过教学做合一，有死的教学做，有活的教学做。比方从前用嘴舌为教，用耳目为学，用手为做，那便是机械了，把教学做三个字都看死了。我们的耳、目、口、舌，四肢百体，统统是脑筋发号施令的器官。做一件事，用得着什么器官，便用什么器官，这才是把做字看活呢！

有有意义的做与无意义的做。

人家怎样做，我也怎样做，而不求其所以然，便是无意义的做。在劳力上劳心，手到心到才是有意义的做。比方烧饭，便要用心想："如何使饭烧得好？""如何用烧饭的书，用别人烧饭的经验，使自己所烧的饭，既合口味，又合卫生。"这样烧饭才算是有意义的。

做有意义，即学有意义，教有意义。

做什么事，便看什么书，问什么人，用什么工具，那么才做得好，学得好，教得好。不然，"饱食终日，无所用心，难矣哉！"

问（翁衍桢）：教学做的目的是什么？

答：教育的目的要先看所教的是什么人。各校有各校特殊的目的。像我们乡村师范学校，总目标是：培养乡村人民儿童所敬爱的导师。从总目标又析为五个分目标，如下图：

培养乡村人民儿童所敬爱的导师

- 健康的体魄
- 农人的身手
- 科学的头脑
- 艺术的兴味
- 改造社会的精神

问（翁衍桢）：社会改造教学做宜如何去干？

答：我们是培养小学教员，便以小学教员对于社会改造来做例子。大凡小学教员，没有改造社会的精神，便是很枯燥无味的。乡村教师与未来的乡村教师，心里都应当有一个“理想的社会”。比方这里定山已是一个社会，我们要把这个原有社会的恶习惯、坏事情，统统革除，把我们心中理想的新社会实现出来。虽然时间不许我们立刻完全成功，但是我们干一段去了，可以把未完工作交给第二届同学,以至于第三届第四届第十届……同学去干。不过这里建设好了，对于你们将来出去做教员有什么关系呢？因为“以一知万”或“一隅三反”：定山会改造了，别处也就可以推想了。

教员的天职是变化，自化化人。虽然不容易学孙悟空的七十二变，但是至少要看重变化。普通许多做教员的，都是不得已而为之，这种心思我们应该着实革除！无论什么人，一说到当教员必得有个理想的社会悬在心中，国民党员做教员的时候自然抱着三民主义的理想社会，去努力做下层建设的工作。假使他是个无政府党员，他便以一种无政府社会理想做根据，想以教育的力量来替代政府。我们对于自然的环境和人为的环境，都该有理想的安排。教育是实现理想社会的历程，假使社会里有不好的东西，我们就要运用教育力量去变化它，至于优良的，虽在这社会之外，也要把它吸进来。

问（项采林）：小学教员一个人单枪匹马，哪里有闲工夫去干社会工作？

答：小学教员是不是一个人？学校中许多小学生都是我们的小同志，而且来往的成人，个个都能受我们的同化。比方叫孙中山先生来做小学教员，那他一定把许多小学生都变成小革命党了。小学生中大的能教小的，智的能教愚的，成人的朋友们也可一面感化一面协力去干的。穷乡僻壤的小学教师，绝不是唱独角戏。

问（徐耀士）：赵叔愚先生对于农民的训练：（一）基本的训练，（二）生产的训练，（三）政治的训练，应否同时并进，或哪一步先干？

答：这个问题要看社会的情形而转移，或先干基本训练，或先干政治或生产，或同时并进都可。总之，要看地方情形哪一种容易着手，就先干哪一种。

我们干民众训练，一时不能达到，万不可性急！性急了，非但精神上感觉很大的痛苦，而且事实上要发生障碍。建设我们理想的社会，要慢慢一步步地进行。赵叔愚先生的农民训练，是整个的，要想训练整个的国民，就非整个的训练不可！（方与严补充）

问（罗谦）：照先生的《“伪知识”阶级》一篇看，或许是不要文章了？其于发表理论为何？

答：要发表理论，便要文章来做工具。你们的日记，便是学做文章的一个最好方法！日记是我们一天心灵的写真——每天不同的生活，要我们写出来，我们要应付这种要求，便自然地产生出活的文章。我们做小学教员的人，将来是要做些儿童文学，给儿童看，写些民众文学给民众看，都是要此时练习成功的。所以每天日记，要把亲目所见，亲耳所听，亲手所做的发表出来。每天的生活不同，就能够使每天的文字不同。要有活的日记，就要有活的文字记载。进步一定比以前死的“作文”当然好得多。

问（徐耀士）：“书本”是人生工具的一种，我们生在世上，就随时随地要用工具。我们要工作就要有工具的准备。要有好的工作，就要有好的工具，所谓：“工欲善其事，必先利其器。”那么书是准备做的利器，何等重要啦！为什么又有人说读书的人叫“书呆子”？这样势必使人都不读书而后快，到底如何？请陶先生释疑。

答：书呆子就是读书没有目的的人。我平时尽力劝人不要做书呆子。书是一种工具，只能用，不可读，比如筷子是吃饭的工具，假使我们对于筷子，不晓得拿来用，却对着他“筷子，筷子”的念，那不是筷呆子了吗？从前有两句诗说：“万般皆下品，惟有读书高。”又说：“满朝朱紫贵，尽是读书人。”

假使书是应当读的，便应使人人有书读，决不能单使一部分的人有书读，叫作“读书人”，又有一部分的人无书读，叫作“不读书人”。比如饭是应当吃的便应使人人有饭吃，决不能使一部分的人有饭吃叫做吃饭的人，又一部分的人无饭吃叫做不吃饭的人。只知读书不会做别的事，便是书呆子，书呆子和只会吃饭的饭桶一个样子。

问（黄上青）：何谓真知识，何谓伪知识？

答：真知识是思想与行为结合而产生的知识，真知识是安根在经验里的。从经验里发芽长叶、开花结实的是真知灼见。

伪知识可分二种：

一、根本上错误的，不符事实。

二、强不知以为知，实在不知。人家告诉他，可是他自己一点经验也没有，对于别人所说的话并不了解，这也是虚伪的知识。

可是真知识还有可以同接树枝一样接上的。人家的真知识，接在我们素有的经验上，也可变为自己的真知识。若自己一些经验没有，就是他人有真的知识也接不上去。

书本上的知识有一部分是真的，有一部分是伪的。文字好像是钞票，没有经验而发表的文字，好比是没有准备金的钞票。伪钞票不值一文钱。从前的八股文百分之九十九是伪的，现代的"洋八股"也是伪的！

问（毛守诚）：教学做合一与设计教学法之异同如何？

答：设计教学法比"道尔顿制"好些，就精神说，它与教学做合一的道理也很相近。但既称为教学，往往把做字忘掉，便与教学做合一不符。行这个方法的学校往往从先生脑袋里设计出计划来，也有时与学生的生活渺不相关。教学做合一乃是生活法。有意义的生活自必有计划。但是教的计划是根据学的计划，学的计划是根据做的计划。设计是为生活。设计教学做是生活的一部分。

问（黄上青）：为什么天天要自己干扫地、抹桌、烧饭等工作？

答：烧饭是一种美术的生活。做一桩事情，画幅图画，写一张字，如能自慰慰人，就叫作美。一餐饭烧得好，能使自家吃得愉快舒服，也能够使人家愉快舒服，岂不是一种艺术吗？今夏冯玉祥氏，曾来我们晓庄学校参观，他看了我们学校里饭都是同学和指导员自己烧的，他马上打电报给总司令部，让官兵一律自己烧饭，不用伙夫。后来他说：“第二集团军从此每月可省好多万元，而于战斗力也无损失！”

扫地、抹桌，是养成扫除肮脏的习惯。我们还可以把扫地抹桌的魄力，推出去扫除全国的、全世界的一切的肮脏东西！我们要能随时随地，见肮脏就除，见污秽就扫，必使家庭无肮脏，社会无肮脏，国家无肮脏，世界无肮脏而后已。

问（徐德春）：教学做合一，是要做什么事，才去看什么书，请教什么人。似此则事实与时间上，往往发生因应不能裕如的困境，而绝端犯了“临渴掘井”“临时抱佛脚”的弊病！未稔何以教之？

答：“临时抱佛脚”是可耻的；临渴而能掘井，可算那人还不至去讨水或偷水喝，尚不无创造的精神！但是我们凡做一事，须要立定先后缓急的计划，准备充分可用的工具，才能应付裕如。倘使我们按照需要的生活历程去预定计划，自然没有“临渴掘井”的弊病了。

——1928 年 11 月 10、11 日

*本文是 1928 年 11 月 10、11 日，作者在浙江湘湖师范学校座谈会上的答师生问，由罗谦记录整理。

答朱端琰之问

端琰先生：

第二次手书，业已拜读，只因晓庄冬防吃紧，无暇执笔，以致迟迟未复，实在是十分抱歉。

一、什么是做？

先生垂问的几个问题都是很有意思的。我把这些问题仔细看了一下，觉得先生的疑问都是集中在一个“做”字下面，这是当然的，因为教学做合一的理论也是集中在“做”之一字。所以必先要把“做”字彻底的说明一番，然后其余的问题，便可迎刃而解了。

“做”字在晓庄有个特别定义。这定义便是在劳力上劳心。单纯的劳力，只是蛮干，不能算做；单纯的劳心，只是空想，也不能算做。真正的做，只是在劳力上劳心。我们做一件事，便要想如何可以把这件事做好，如何运用书本，如何运用别人的经验，如何改造用得着的一切工具，使这件事做得最好。我们还要想到这事和别事的关系，想到这事和别事的相互影响。我们要从具体想到抽象，从我相想到共相，从片段想到系统。这都是在劳力上劳心的功夫。不如此，便不是在劳力上劳心，便不是做。

做必须用器官。做什么事使用什么器官。耳目口鼻、四肢百体都是要活用的。所以有的事要用耳做；有的事要用眼做；有的事要用嘴做；有的事要用脚做；有的事要用手做；有的事用他们合起来做。中国教育的一个普通的误解是以为：用嘴讲便是教；用耳听便是学；用手干便是做。这样不但是误解了做，也误解了学与教了。我们主张教学做是一件事的三方面：对事说是做；对自己之进步说是学；对别人的影响说是教。做要用手，即学要用手教要用手；做要用耳，即学要用耳教要用耳；做要用眼，即学要用眼教要用眼。做要用什么器官，即学要用什么器官，教要用什么器官。

做不但要用身上的器官，并且要用身外的工具。我们的主张是：做什么事便用什么工具。望远镜、显微镜、锄头、斧头、笔杆、枪杆、书本子都是工具，也都是要活用的。中国教育的第二个普通的误解，便是一提到教育就联想到笔杆和书本，以为教育便是读书写字，除了读书写字之外，便不是教育。我们既以做为中心，那么，做要用锄头，即学要用锄头，教要用锄头；做要用斧头，即学要用斧头，教要用斧头；做要用书本，即学要用书本，教要用书本。吃面要用筷子，喝汤要用匙子，这是谁也知道的。倘使有人用筷子喝汤，用匙子吃面，大家必定要说他是个大呆子。我们现在的教育何尝不是普遍的犯了这个错用工具的毛病。中国的教员、学生实在太过于迷信书本了。他们以为书本可以耕田、织布、治国、平天下；他们以为耕田、织布、治国、平天下，只要读读书就会了。书本是个重要的工具，但书本以外的工具还多着呢！因为学校专重书本，所以讲书便成为教，读书便成为学，而那用锄头斧头的便算为做了。这是教学做分家。他们忘记了书本也是“做”事所用的工具，与锄头斧头是一类的东西。做一件事要想做得好，须用锄头便用锄头，须用斧头便用斧头，须用书本便用书本，须合用数样数十样工具便合用数样数十样工具。我们不排斥书本，但决不许书本做狄推多，更不许他与“做”脱离关系，而成为所谓“教学”之神秘物。

有了上面补充的总说明，再去解答先生的疑问，似乎容易得多。我现在就顺着先生质问的次序逐一答复，然后再归纳起来，答复先生总结的三问题。

二、以实际生活为中心的教育是否能够顾到人生的全部？

教学做有一个公共的中心，这“中心”就是事，就是实际生活。实际生活说得明白些，便是日常生活。积日为年，积年为终身，实际生活便是人生的一切。分析开来，战胜实际的困难，解决实际的问题，生实际的利，格实际的物，爱实际的人，求实际的衣食住行，回溯实际的既往，改造实际的现在，探测实际的未来，这些事总结起来，虽不敢概括全部人生，但人生除了这些事还有什么？在做这些事上去学去教，虽不敢说有十分收成，但是教成的与学得的必是真本领。实行这种教育的社会，虽不敢必其进步一日千里，但是脚踏实地的帮助人类天演历程向上向前运行而无一步落空，那是可以断言的。

三、教学做合一是否能够传递全社会的经验？

“教育是传递社会的经验”，这句话不能概括一切教育。倘若教育是仅仅把社会的经验传递下去，那就缺少进步的动力。所以与其说“教育是社会经验之传递”，不如说“教育是社会经验之改造”。教育上之所谓经验，原有两种意思：一种是个人的；一种是人类全体的。但是经验无论属于个人或人类全体，绝无超时间空间的可能。我们最多只可说有些社会经验是不限于一时代一地域的。经验又有直接间接的分别，这当然是不可否认的。我在《“伪知识”阶级》里面曾经说明“接知如接枝”的道理。我们必须有从自己经验里发生出来的知识做根，然后别人的相类的经验才能接得上去。倘使自己对于某事毫无经验，我们决不能了解或运用别人关于此事之经验。人类全体的经验虽和个人经验有些分别，但是我们必须有个人经验做基础，然后才能了解或运用人类全体的经验。

我们必须以个人的经验来吸收人类全体的经验。孔子说：“举一隅，不以三隅反，则不复也。”荀子说：“以一知万。”无论他是一隅三反，或是以一知万，那个“一”必定是安根在自己的经验里。自己经验里的“一”是一切知识的起点。有了这个“一”，才能收“三反”“知万”之效。《墨辩》分知识为闻、说、亲三种。“说曰：‘知：传受之，闻也；方不瘴，说也；身观焉，亲也。’”闻知是别人传授进来的；说知是自己推想出来的；亲知是自己经验出来的。依教学做合一的理论说来，亲知是一切知识的基础。没有亲知做基础，闻知和说知皆不可能。看了下面的图，便可格外明白：

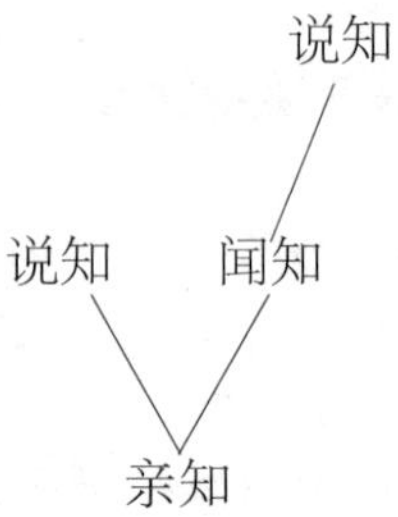

四、如何可以了解哥仑布探获新大陆的故事？

现在可以具体地答复哥仑布发现新大陆一事了。如果我们要正确地知道哥仑布发现新大陆的经过，恐怕系要请国民政府效法西班牙王拨下一只大帆船横渡大西洋才行。即使这样办我们也不能得到完全与哥仑布相同的经验，因为现在的情形和我们的同伴决不能与他的一样。我们何尝要这样正确的知道他发现新大陆的经过？即使是探险家，也不须复演这种经验；他们有更好的海船和工具，决不致发呆气去模仿哥仑布。教学做合一的理论，并不曾主张普通人去模仿特殊人物之特殊事业，也不曾主张现代人去复演前代人物之过去事业。那么，我们所要知道的是哥仑布发现新大陆的大概情形和影响。可是使人知道这件事上，便有两种根本不同的办法。一种是迷信书本演讲及所有代表经验的储藏库，以为只要读哥仑布的书，听讲哥仑布的事便能十分明白，再也用不着任何直接经验了。一种是确信直接经验为了解一切事实的基础，所以要想大略了解哥仑布之发现新大陆，也必得要些个人的直接经验做基础，才能了解别人所写所讲的哥仑布故事，才能推想哥仑布当年航海的情形，想象发现新大陆以后之影响。他运用书籍演讲不亚于第一派，但他要进一步审查那用以了解书本上演讲中之哥仑布之个人直接经验是否充分；如不充分，他便认为他的第一责任是使学生在做上补充这种经验，然后再去看书听讲推论，否则，他认为是耳边风，或是走马看花，无论说得天花乱坠，或是写得满纸锦绣，都是不能接受进去的。

用以了解哥仑布发现新大陆所需的直接经验是什么？这可不能一一数出，只好提要列举数种：坐过海帆船，渡过海，在海里遇过大风暴雨，受过同事阴谋加害，看过野人，在大陆上住过……诸如此类都是了解哥仑布故事的直接经验。如果没有渡过海，不得已而求其次也要渡过湖，再其次也要渡过江，再其次也要渡过河，万不得已也要看过池塘，倘使没有坐过海帆船，不得已而求其次也要坐过鄱阳湖里的民船，再其次也要坐过秦淮河里的花船，再其次也要看过下雨时堂前积水上之竹头木屑。倘使这些经验毫无，我不知道他如何能懂哥仑布之探险。

五、要明白火星是否要到火星里去？

火星里的生活必须到火星里面去过才能知道清楚，至少也必须有人到火星去过，回来把火星里的生活告诉我，我又有足以了解这生活之基本经验，才能间接知道清楚。但是如今还没有人到过火星，那么，火星里的生活是决没有人知道清楚的。关于火星的事，现在知道最正确的，也不过是用望远镜所能看得到用数学所能推得出的。最大的天文学家，也只能承认他对于火星只知道一点皮毛。虽然只知道这点皮毛，但教学做合一的天文学者，必定要在天文台上用望远镜及高等数学在做上去求得关于火星的知识。万一得不到望远镜，他至少要用肉眼对着火星去考究。关于火星的书，他是要看的，关于火星的演讲，他是要听的，但他必定要得到最好的望远镜看他一看，才算甘心。不，他一有办法必定要到火星里去，与火星人共同生活才能满足他的求知欲。

六、分子运动等如何可以明白？

分子运动、原子运动、电子运动，都是科学家从研究物质上推想出来的理论，以解释种种物质的现象。我们要想真正了解这些理论，必须从研究物质的现象入手。在研究物质现象上教学做是了解这些理论最有效力的方法。倘使真要拿分子运动里的生活来说明教学做合一，我们便可举空气为例。分子运动速率增加便觉热，速率减少便觉冷。我们要想明白分子运动的速率，这气候的冷热却是一个眼面前最显明的例子。

七、如何可以得到飞机、无线电的知识？

飞机和无线电的知识，可分为两级。第一级是制造的知识。制造飞机与无线电的知识，都要从制造上得来，方为有效。他要在造上学，在造上教，才能一举而成。若单在书上学，在书上教，等到造的时候势必重新学过，则以前所学的等于耗费了。第二级是了解的知识。这级知识可从别人那里或书本上得来，但学的人必须有些基本的直接知识，才能接得上去。这些基本的直接知识，都是从“做”上得来。倘使没有从“做”上得来的基本的直接知识，那么，书上所写的飞机，嘴里所讲的无线电，都与学的人漠不相关。

八、做不完的就不要学不要教了吗?

有了上面的解释，我们可以说教一切学一切都要以“做”为基础。事实上当然做不完、学不完、教不完的。我们遇此困难，只有估量价值，拣那对于人生最有贡献的事，最合乎自己之才能需要的去做去学去教。那不能参加的只好不参加，不能做的只好不做。除此以外，还有什么办法呢?

九、科学家的发明、哲学家的理论、宗教家的教义都是从“做”上得来的吗?

牛顿看见一个苹果落下，便发了一问:“为什么这苹果不向上飞去呢?”从苹果下坠推到一切，于是想出万有引力的理论以解释这些现象。牛顿看见苹果下坠，便是用眼做；他从苹果下坠，推到一切以至想出万有引力的理论，乃是用脑做了。

阳明先生虽倡知行合一，但是不知不觉中仍旧脱不了传统的知识论的影响，又误于良知之说，所以一再发表“知是行之始，行是知之成”的言论。我现在愈研究愈觉得这种见解不对。一年前我写了一篇文章证明:“行是知之始，知是行之成。”恰与阳明先生相反。古今中外所发现第一流的真知灼见，就我所知，无一不是从做中得来。哲学家之发明学说，宗教家之创立教义，何尝有一例外?我姑举一二人作为例证，以资说明。孔子少贱，故多能鄙事，他入太庙，每事问。晨门称他是知其不可而为之者。多能鄙“事”，每“事”问，知其不可而“为”之，便是孔子发明他的哲学的根源。达尔文和瓦莱士之天择学说，不是从天上凭空掉下来的，也不是从书本里抄下来的，也不是从脑筋里空想出来的，乃是在动植物中经年累月的一面干，一面想，干透了，想通了，然后才有这样惊人的发现。耶稣基督、释迦牟尼之创立教义，也不是凭空冥想出来的。试把佛教经典及基督教《新约》翻开一看，便知道他们所阐明的教义并不是整套的同时宣布出来。他们是在众生中随行随明、随明随传的。哲学起于怀疑，宗教起于信仰。怀疑与信仰都是应生活需要而来的。

十、小孩子也是教学做合一吗？

初生的小孩子便是教学做合一，做的意义比平常用法要广得多，这是对的。但是“学也是做”“教也是做”“教育就是做”的三句结论，殊有语病。我们可以说：“做是学的中心，也是教的中心。”我们也可以说：“教学做合一便是生活。”倘若我们赞成“生活即教育”的主张，那么，生活教育必是教学做合一的。生活教育内之教与学必是以做为中心。

十一、教学做合一不忽视了精神活动吗？

我们既以在劳力上劳心算为“做”的定义，当然不能承认身体与精神分家。自动的涵义便同时具有力与心之作用，即同时要求身体与精神之合作。

十二、贴标语、游行可算是革命的教学做吗？

教学做合一既是人生之说明，所以人人都在做，都在学，都在教。但是做错了，学与教都跟着错。怎么会做错呢？错用目的，错用器官，错用工具，错用方法，错用路线，错用力量，都会叫人做错，即会叫人学错教错。教学做合一的要求是：事怎样做便怎样学，怎样学便怎样教。革命这件事要怎样做才能成功？这是我们首先要考察的。比如分析起来，觉得要想革命成功，须有种种条件：（一）适应现代中国需要之主义；（二）忠勇廉洁爱民的领袖；（三）纪律严明器械精良之武力；（四）独立发明之学术；（五）开源节流之财政；（六）培养民众之觉悟与行动；（七）联合世界上以平等待我之民族；（八）贴标语；（九）游行……假使革命要满足这些条件才能成功，那么革命教学做，便是整个的在这些事上做，在这些事上学，在这些事上教。倘若把头几项撇开只以贴标语、游行为能事，做虽是做，却是做错了，至少也是没有效力的做了。

十三、晓庄因实行教学做合一不就忽略了看书吗？

晓庄看书的时间是有规定的，所看的书也是有指定的，但比别的学校是自由的多。我们对于书籍有一条方针：做什么事，用什么书。我们很反对为读书而读书。我们从去年就想依据生活历编辑一个最低限度的用书目录，现在还未编成，将来编成之后，就容易上轨道了。只要谨守“在劳力上劳心”的原则，自然会从具体归向理论，从片段走向系统。但是造诣深浅，有属于禀赋的，我们固难以为力；有属于勤惰的，生活部实负有考核勉励指导之责。

十四、教学做合一不太偏重技能而忽略知识吗？

技能与知识是分不开的。把大家教成铁匠木匠一样，实未足以尽教育之能事。一因为中国的一般铁匠木匠实在是有一部分教错了。因为他们劳力而不劳心，所以技能与知识都不能充分发达。二因为他们除了呆板的职业训练以外，其余关于人生需要的教育都被漠视了。假使中国的铁匠木匠都做的不错，学的不错，教的不错，在劳力上劳心，各方面生活需要都顾到，那么，铁匠木匠所应受的教育，便是人人应受的教育了。王木匠要有技能和知识，也如同达尔文要有技能与知识。达尔文没有辨别物种变异的技能，便不能发现天择的学说。王木匠若没有欧几里得的几何知识，便要做出七斜八歪的桌子来。可是达尔文与王木匠有个不同之点：王木匠把知识化成技能；达尔文则用技能产生知识。不过王木匠倘使能用知识所变成的技能进一步去产生新知识，那么，王木匠亦成为达尔文一流的人物了。倘使达尔文停止在观察生物的技能上而不能用它去发现天择学说，那么，终达尔文之身，也不过是王木匠的兄弟罢了。

十五、教学做合一究竟是什么？它的效用如何？

现在归纳起来总答如下：

（一）要想获得人类全体的经验，必须教学做合一方为最有效力；

（二）生活教育就是教学做合一；

（三）教学做合一不但不忽视精神上的自动，而且因为有了在劳力上劳心，脚踏实地的“做”为它的中心，精神便随“做”而愈加奋发。

——1929年1月15日《乡教丛讯》第3卷第1期

一个教师与家长的答复

——出头处要自由！

南京八日专电，载有戴传贤于本月七日给全国教育家及学生家长的一封公开信，上面写的是：

培植出一根树苗，要它长成端正的大树，要费几根大木头，四面撑住它。培植一个好青年，要牺牲几个成年人，四面去扶植他。树苗自由，不能成长；青年自由，不能成人。全国的教育家醒来！全国学生的父母兄弟姊妹醒来！救国先救国家命根的青年！救国先救教导青年的学校！

我虽当不起教育家这个名词，但是一个当过十几年教师的人，总该跟着诸位教育家共听戴君之教益。我并且是几个小孩子的父亲，更该负起责任来发表我的见解。在戴君大声疾呼之下，我是醒了，想睡也睡不着了。我于是先把戴君的信介绍给孩子们看，然后对他们发表我的意见，谁是谁非，让他们自己判断吧。我对他们所说的话是：

你们要知道种树吗？底下可以安根，上面可以出头，幼苗才能种得活。有水分、肥料、空气、阳光，而无虫害，幼苗才能长成大树。园丁的责任在灌溉、施肥、除害虫，而不没收它的自由的空气与阳光，则幼苗自能欣欣向荣了。花园里给人玩赏的树木四面是有死木头撑住，并有绳子把它们扎成种种曲线美。这些是树少爷，因为有树听差服侍它们；有的是树小姐，因为它们裹脚束腰，和人间不自尊的姑娘大同小异。树少爷、树小姐，只是人的玩物，这中间找不出栋梁材。栋梁材是长在森林里。兴安岭的幼树可有树听差服侍？谁见过它们裹过脚束过腰？如果你想叫幼苗端端正正的长起来，也难也容易。小树生在大树中间，若大树端正，则小树须向上吸收阳光，自必端正，这不是很容易呀？若大树惯于折腰，罩在小树上，小树得不着阳光，想它端正便是万难。所以，“出头处要自由！”

树苗要伸出头来呼吸自由的空气，感受自由的阳光，才能活，才能长，才能端正。假使我们在幼苗的出头处加以压力，那么除非是幼苗肯像乌龟样把头缩进壳里去，它的自然的生长力是会把压力冲破，如同小鸡啄破鸡蛋壳出世一样的不可制止。

戴君认定你们青年是国家的命根，我也有此认识。你们也不可把自己小看了。不可做树少爷！不可做树小姐！不可给折腰的大树把你们笼罩住！与害虫奋斗！伸出头来向水分、肥料、空气、阳光进取！这样，你们才能把自己造成中国之栋梁之材，才可算是国家命根的青年。

我既主张出头处要自由，那么“自由”的含义是什么也得说明，自由是以自己的意志指挥自己的行动。个人自由是以个人自己的意志指挥个人自己的行动。团体自由是以团体自己的意志指挥团体自己的行动。自由这个名词是含有自主、自决、自动、自得种种意义，扩而大之，是要各得其所。自由人是奉头脑做总司令；他的反面是奴隶。他自己不愿做奴隶，也不要人做他的奴隶。放荡不是自由；因为放荡的人是做了私欲嗜好的奴隶而不能自拔。一个人若做了私欲嗜好的奴隶便失掉自由。青年放荡固然不能成人；成年人放荡也只算是成年，不能算是成人。成年人、青年、小孩子都该在一个道德标准下生活。双层标准、三层标准只是恕道不足的结果。青年不可以假借自由之美名去过放荡的生活；教师家长也不可假借放荡之罪名去剥削青年小孩子生长所必需之自由。根据以上所说，我所得的断语，适与戴君相反。我的断语是：

“失掉自由，不能成人！”

——1931年12月11—12日《申报·自由谈》

关于编辑儿童科学丛书的一封信*

爱用儿童科学丛书的教师、家长、小朋友：

我们编辑这部书的目的在引导小朋友把自己造成科学的孩子。科学的孩子必得动手去做，用脑去想，所以这部书是科学的孩子实验、观察、思想的指南，而不是静坐在那儿诗云子曰一样的读的书。如果买了回去，读而不做，做而不求做之所以然，那便是违背我们编书的宗旨了。

但是这些书不是单为小朋友编的，凡是幼时没有学过科学的成人都可以像小孩子样从头读起即是从头学起。倘使您是位学贯中西的教师、家长，也别轻看这些书，它们能够帮助您去引导孩子们从事科学的工作。您每天自己先玩一两个把戏，玩成功了，再教孩子们一起来玩，一起来谈，一起来想，不消几多时候，您便变成了一位科学的教师、科学的家长，而您的孩子便变成了科学的孩子。

孩子有很小的，有很大的，有能看书的，有不能看书的。千万不要让文字挡着科学之路。会看书的大孩子，自己可以依着书上所画的路线去追求。那年小而不认识字的可以先玩科学把戏，等到大一点再看科学的书。我们把已出版之四十册，将小标题提出，略依年龄学级排列。

幼稚生系指四五岁的孩子。他们有一些科学把戏可以玩，但绝对不可教他们看书，连字也不必勉强他们认。低年生系指六七岁的孩子。他们不但能玩许多科学把戏，并且还稍认几个字，但不可勉强他们看书。中年生系指八九岁的孩子，可以教他们一面干些合乎他们的能力的实验，一面开始教他们用书。高年生系指十岁以上的孩子，如果小时没有失学，这些书只要有一本字典，便可以自己看得懂了。这时须教他们不以看书为满足，必在实验上去追取真知识。我们这样分类也不可把它看得太呆了。聪明的幼稚生何妨顺便认两三个字。笨的高年生也不必苦苦地要他看书。科学把戏只要玩得成功，玩了一个便想玩第二个，并且说得头头是道便算满意。若能独出心裁干得与书不同，这孩子在将来便有发明创造的希望。至于暂时能否认字看书并无重大关系。我们决不可因他不能看书便不教他实验。

有了以上的说明，你们便可以拿下面所列的表（从略）做教导孩子的参考。幼稚生、低年生、中年生、高年生的自然科学的一部分的课程便可以假定实验，随时修正。

假使您有四十位学生要教导，您可以挑选几位富有科学兴趣、才能的学生做您的助手。您与小孩们在科学的生活中共同参加了一两天便可以使您有知人之明，小学生决不会推诿。您得了几位助手可就事半功倍了。

有些实验所用的工具只是家常用品和一些竹头、木屑、芦秆、洋铁罐、酱油瓶、破布、烂棉花罢了，用不着多大经费。先把这些实验干了，一面共同省吃俭用生产，随时添置工具去干其余的实验。

如果每样工具只有一套，那么四十位学生就有分配的困难，这也可以有个法子解决。每四人分一组，共分十组，同时有十种实验进行，每组轮流地干，干完十种再换。您若有几位助理，加以特殊指导，这个办法便不难行得通。

中年生、高年生须有实验记录簿，将每个实验的情形写一篇报告誊在簿上。应列的细目是活动名称、工具、材料、画图、做法、论理等等。这个簿子是必须有的。教师对于幼年生、低年生、中年生、高年生都该各有一本考核簿，登载每一个学生一学期所干的科学活动。

全书有什么错误，我们所建议的方法推行出去有什么困难，诸位教师、家长、小朋友用这些书时有什么心得，都希望大家提出具体的例子随时指教，以备汇齐，修正重印，作为全国同志更进一步之参考。

陶行知

1932 年 4 月 17 日

——《儿童科学指导》（三）

* 1932 年作者在上海从事科学普及工作，编写儿童科学丛书。本文编在 1933 年上海儿童书局出版的《儿童科学指导》（三）。题目是编者加的。

怎样做小先生

一、为什么要做小先生

为什么要做小先生？做小先生有什么意义？这是每一个小学生或识字小孩都应该问的问题。我们为什么得了知识就应该传给别人？

我要问你：你怎么可以进学校？因为有你的父母为你出学费并且给你饭吃。

你的父母都识字吗？他们都得了你所得到的知识吗？如果他们没有接受现代教育的机会，你也应该尽你的责任分点给他们吗？有些学生受了父母的栽培连一封信也不写回去。等到放假回家，不是嫌父母无知便是嫌家里不卫生。他从不耐烦把他所得的知识去向父母说明。假使你有几个兄弟姊妹，你可知道为什么只有你一个人上学？钱不够。你的兄弟姊妹就不想长进吗？你既进了学校，若不引导他们共同长进，你觉得心安吗？

再进一步说：你的学堂是谁办的？假如说是政府办的，政府的钱又从哪里来的呢？不消说得，关税哪，盐税哪，田税哪……出口货的关税是每一个生产者都出了钱。进口货的关税是每一个消费者都出了钱。盐是人人都要吃即是人人都出了钱。田税是地主从地租中划出一部分所纳，地租是出于每一个农人之劳动力。现在开办学校之钱是人人所出，而教育只有很少数的人享受。多数的人只是“出钱给人读死书，自己一个大字也不识”。劳苦大众既然出了钱使你上学的学堂可以开办成功，你就应当负起责任把你所学得的知识提取精华教给劳苦大众和他们的小孩。这是每一个小先生所要明白的根本意义。死读书而不肯教人的学生，显然是一个忘恩负义的守知奴。

二、找学生

小先生的第一件工作就是找学生。“找学生”便是上第一课。这是你和你的学生初次见面，连说话都不可以随便。因为第一个行动是有力量决定以后的行动的方向的。你对于每一句想说的话都应该预先想一想：“这句话应该说吗？我为什么要这样说？”我知道你是很心急地要赶快地找到学生。有时想用种种方法把你所要找的人说服。但是心急的时候，很容易说错话：当你遇着一群失学的孩子的时候，你会把古时候苦孩子读书的故事讲给他们听，临了，你会引一两句成语劝他说：“吃得苦中苦，方为人上人。”你可曾把这两句话的意思想过？我是听得太多了。不懂事的大先生老是用这种话来勉励小先生，不用头脑的小先生也是照样画葫芦地拿这种话哄骗别的孩子。我们吃苦的目的就是要做“人上人”吗？我们用功的目的就是要求个人升官发财吗？为什么要读书？读了书就应该把自己的脚站在别人的头上吗？我有一位朋友把这两句话改成“吃得苦中苦，不为人上人”。我觉得这位朋友所改的语气有些消极，又把它改成“吃得苦中苦，方为人中人”。公平的世界里只有人中人，不该有“人上人”和“人下人”。无论怎样改法，你都觉得不便拿它来做那劝学的招牌了。其实，你是用不着这种哄人的糖果。如果你所教的是有趣而又有用的书，倘使没有人阻止，谁都愿意学。你可以说：“这本书有趣得很，也有用。你若愿意读，我可以教你，试试看吧。”“读了书，可以看报，写信，明白事理。”这种平常的话是比花言巧语好得多。只要你的心是热的，总有一天能感动人。倘若你不择手段，拿虚荣来鼓励人求学，将见他学成之日便是你的教育完全失败之日，那真是白费心血了。你若嫌我说的那几句话太平凡，而愿意想出更有力的话来代替，我当然高兴。但是我希望你必须想一想：“这句话应该说吗？我为什么要这样说？没有更好的话可说吗？”

三、课本要不要

普及初步教育离不开文字。文字是什么？该怎样教？我们必须弄明白，才不致走入歧路。

文字是生活的符号。它必须与民众的生活打成一片才能发生效力。我们要想鼓起民众读书的兴趣，必须拿他们生活所需要的文字来教。但这种生活需要有经常的也有临时的，有共同的也有个别的。经常共同需要的文字可以编成课本。个别需要的文字可以编成补充材料，以适应一地方一职业或任何之特殊生活。临时需要的文字是要靠教者之灵敏，抓住当前的机会指导民众。

普及文字教育，最好是要采用一种最为适合民众经常共同需要之课本，以便每天求进，否则怕要间断。实际上，失学民众是欢迎课本的。没有课本不易维持继续求进的兴趣。这是当然的啰！你请客吃饭是必须用碗盛呀，课本便是用碗端来的饭，吃起来很便当，否则一粒粒地散在桌上，是多么的难吃呵！

课本虽是需要，但教人的人不可死靠课本，他必定要运用补充材料及临时材料，以适应特殊及当前生活之需要。

四、识字呢读文呢

识字运动每每引起人的误解。字是应当识的，但不是为识字而识字，而且字也不是单靠一个个地分开去认识。例如《老少通千字课》内的第二课：

起得早，

睡得早，

省油省灯草。

一共有“起，得，早，睡，省，油，灯，草”八个字。如果只拿这八个字一个个地分开来教，谁也不高兴学。即使认得了，也是不大会用。所以单单教人识字一定要令人望而生畏，引不起民众自动读书的兴趣。倘若换个法子，先教民众学生把课文读一遍，他耳朵听懂了整课的意义，觉得有趣，你再把一个个生字分开来教他，他就高兴学了，最后再把课文教他读几遍，是文也会读了，字也会认了，那是多么有趣啊。你再教他写，教他用，等到会用这些字，才算真的认识这些字。一课的生字很少，固然不容易教人运用，但是几课几十课的生字就能千变万化地运用起来。有时一课教了之后，就拿课内有限的字来运用。例如教他把本课里的字随便凑成一句话。

如果他把“早起早睡”四个字联了起来，就是很会运用了。我们必须教他用字写文，才算是真正达到识字的目的。

五、活动材料

小先生起初教人识字读书，必须借重课本，才能引人继续不断地上进，这个道理我在前面已经说了一个大概。但是课本有固定的，有活动的，我们不能把它看呆了。除了固定的课本之外，小先生必须抓住眼前的机会，运用活动的材料教人。什么是活动的材料呢？比如一个人拿了一张钞票付你妈妈的工钱。这时你妈妈的心里所急于要知道的有几件事：这钞票当真是五元呢，还是一元？是本地通用的呢，还是本地不通用的？发钞票的银行是有信用的呢，还是将要倒闭的？好，这张钞票便是一张顶好的活动材料，一位灵敏的小先生决不把这个机会放过。他必定要把钞票上的数目字、地名银行名指给妈妈看。这样指点一回、两回、三回……妈妈不久就会认识了。这种活动的材料多着咧，发票、收条、门牌号数、来往的信都是顶自然的活动课本。又比如你的婆婆要到一个陌生的地方去，你给她开一个详细的路线，那路线乃是最能令人注意的活动材料。有时不识字的人自己说了几句很精彩的话，你把它写出来教他读，他是顶有兴趣了。一次丁光生小先生教妹妹画画，他的不识字的父亲也要了一张纸去画了一只菱角和一只乌龟。丁光生问爸爸为什么把这两样东西画在一块儿。他的爸爸说：“菱角怕乌龟，乌龟喜欢吃菱角。”这两句话是多么有趣味啊。后来丁光生把这件事告诉我，我向他提议把这两句话写出来，教他的父亲读，读会了再教他写，写在画上。

这张画现在是在我的小小陈列所里，这是小先生抓住当前机会教人的一个好例子。

六、留声机与无线电

小先生还有几个机会要抓住。当你在乡下开留声机的时候，你总是看见一群一群的人跑到你的面前，把个留声机紧紧地包围住。是的，蜜蜂见了蜜源哪有不拥来的道理？中国的民众是欢喜听曲，不懂也高兴听，如果懂得里面的意思，那就更加高兴听了。你晓得现在的唱片都附有一张美丽的歌词。聪明的小先生必定是抓住这个机会，不肯放手。他要把这张歌词，写在黑板上，或用复写纸写几张，或用油印印起来，或叫各人分头预先传抄，教大家读，读会了再开唱片。这样一来，听众不但是增加了听曲的兴趣，而且多识一些字，并感觉识字之需要了。无线电播音也要同样地把报纸上发表的词曲拿来教人。比如我们每逢星期三就要换一首歌接连广播一星期，歌词在星期二的《新夜报》上发表，就是希望小先生预先把歌词教人，等到次日播音的时候，听者便能一面温习歌词，一面格外听得高兴，不久就可以把这首歌学会了。这样小先生和留声机或无线电是联合起来做了民众的一位音乐和国语教师了。

七、图画书之功用

民众欢喜看图画，你只要走到街头巷角的书摊旁边看看就知道了，那些连环图画把民众的心灵都吸收去了，连小学生都把这些书租去看，每一个小先生都应当想法子多找一些图画书去指导学生。

你要想多得学生，并且教你的学生高兴看书，把书看上瘾，必须借重图画。

一天晚上我到北孙宅去参观农人开会。我想应该送点什么礼物去呢？匆匆忙忙的我就把《良友》画报、《大众画报》、《时代画报》、《现代画报》，每样买了一本，带去送他们，希望第二天教师指导他们看，哪里晓得几十位农友当晚就要看，一直看到十二点钟也不觉得疲倦。可见得图画书吸引力量之伟大。

你必定要用图画来抓住你的学生。假使没有钱买图画书，可以向朋友借，若无处可借，还有一个经济的办法，可以自做图画书。你预备一本白报纸装订的簿子。把每天日报上的好图画剪下来，贴在簿上。有标题的连标题一起剪贴。无标题的可以补写上去。一个月干下来你就知道这本图画簿是多么得力的一个助手。你将图画簿照西洋信纸簿一样订，订的一端在上，活页垂下，图画直贴，你可以将订的一端挂在壁上，把图画一张一张地翻给学生看，更觉便利。不久，你可以教你的学生也干起来。每人得到不同的报，便可造成各种的图画书，那是多么丰富的收获啊！老太太们想把旧报换钱，你请她先让你剪下图画再卖。只这一办法，我们每天就可以得到许许多多民众图画书。

八、知道什么教什么

小先生教什么？你能教什么就教什么。你知道什么就教什么。有的人以为小先生只会教人识字，这是一个错误。有的小先生虽然也会拿别的重要东西教人，也是单单教人认字，更是可惜。你要明白除了教人认字之外，你还有别的本领。你虽然不会干孙悟空的七十二变，但是七变八变，你是干得来的。

中国人害冤枉病的多着咧。每年死于痨病、天花、霍乱、伤寒、疟疾的总有几百万。小先生能帮助人避免这些病痛。你一学会了预防的方法，就可以告诉别人照样去干。要想避免肺病，必须享有新鲜空气，充分阳光，适当休息，滋养食物，并且不与有肺病者之咳嗽喷嚏接近。已经得了肺病的人除了上面几点应该注意之外，还要火化痰涕并不向人咳嗽喷嚏。小学生知道了这些办法之后，不但自己要实行，并且要逢人说明。种了牛痘三年之内便不至于出天花。打了霍乱、伤寒混合防疫针，一年之内便不至于害霍乱、伤寒。组织灭蚊队导去死水，肃清痰盂、水缸、阴沟及一切死水里的孑孓和蚊卵，并在池塘里养育专吃孑孓之鱼类，则疟蚊便不能发生。小学生知道了这些道理之后，一方面要自己实行，一方面要向人宣传，一方面应当群策群力，还要联合大家共同进行。你如果这样做，便成了卫生小先生了。

学过科学的小朋友该晓得月亮自己不会发光，要太阳光照在月亮上才看得见月亮。“月食”是地球走到月亮与太阳中间，把太阳光挡住，因此月亮就好像被一个无形的东西吞了下去，等到地球渐渐移开，月亮才渐渐出现，又好像被那个东西吐了出来。无知识的人就说是天狗吃月亮。中国人迷信月亮是保佑他们的。月亮今天遇难，他们必须救月亮；将来他们遇难，月亮也会救他们。所以大家放爆竹把天狗吓跑。等到月亮重新出来，他们欢喜得了不得，以为是他们放爆竹的功劳。依我的估计，每次“月食”全国至少是要花费二百万块钱。小朋友听了“月食”的演讲，还得做一个小实验，你用一支蜡烛当作太阳放在左边，叫一个人站在中间，把他的头当作地球，另叫一个人站在右边，把他的头当作月亮。这两个人的头要摆得一样高低，站在中间的头把烛光遮住，右边的人的头上照不着光，这便代表了“月食”的现象。只要中间的人移动，右边的人的头上就有了光，所有食前、初食、食后种种现象都可以一一表演。你这样做给别人看，讲给别人听，便成了一位科学小先生。如果全国的小先生会玩这套把戏，每次月食，中国可以省去二百万元。

小先生能够干的事多着咧，上面所写的不过是举了几个例子。你能教什么就教什么。你知道什么就教什么。不知道的和不能教的当然是不应该教。

九、教人的时间

小学生一面求学一面教人，时间够他分配吗？时间若不敷分配，身体不要受害吗？有些人是在怀疑，怀疑小学生没有工夫做小先生。最可惜的是他们不想法解决问题。笼统地抱了一个时间不够的成见，便把小先生运动耽误了。

这也难怪。有些热心普及教育的人是太热心了，做得过火了。他们恨不得要把不识字的民众一口气教好。他们每天让小先生一连教两三个钟头，这样一来，小先生不但是耽误了自己的功课，而且把身体也弄得精疲力倦。别人看见这种现象，以为做小先生非如此不可，便不敢轻易提倡。甚至于以这种事实为凭，随嘴反对小先生。

其实，做小先生并不要花这么多的时间。我从起初一直到现在，只希望学生们每天费半小时教人。只要天天不间断，连十分钟二十分钟也是好的。我诚恳地劝告小先生每天教人不要超过半小时。若费时太多，恐怕难以持久。每天教人半小时，是于人有益无损，于自己也有益无损。这样才能活到老，学到老，教到老，不致半途而废。

十、不要摆架子

你找到了学生，就得把他留住。如果今天找着，明天失掉，那不是白费心血吗？是啊，你得想一想：有什么事情得罪了你的学生？

我知道有些小先生欢喜摆架子，摆成一个小先生的架子。这种臭架子会把学生赶跑了。我记得有一个小先生找到了两个学生：一个是他的表姐，另一个是他的父亲。他在头一天上课的时候，就摆起架子来。他对他的父亲说：

“我叫您念一课的时候，您应该站起来。因为这是学堂里上课的规矩。”

他的父亲居然就站起来念。这是一幕有趣的滑稽把戏。幸而这位父亲脾气好，照着儿子先生的话行。若是遇着第二三个，这位小先生就要讨没趣。

还有一位小先生，起初找到了四个学生。他一上课就摆起威风来。他要学生们向他鞠躬。他要学生们服从他的命令。他弄了一根棍子做教鞭，耀武扬威地在学生们头上巡礼。架子十足！结果呢？他的学生都跟了别的小先生跑了，把自己变成一只没人理睬的孤鸦。

其实我们不能瞎怪这些小先生。他们是有来历。这些臭架子没一样不是从大先生那里学来的。所以与其怪小先生，还不如怪大先生。

前进的大先生是没有这些架子了。他们把学生当作朋友看待。在新兴的学校里，我们到处可以听见“小朋友”的称呼。运用朋友的关系，彼此自由交换学识，是比摆架子好得多，你要了解学生的问题，体谅学生的困难，处处都显出你愿意帮助学生求学，而没有一丝一毫的不耐烦，这样才够得上做朋友，才够得上做小先生。

十一、虚心求学

小先生必须用功求学，才能教人。自己不长进决不能做小先生。我所写的小先生歌里有一首是注重这个教学相长的关系。

我是小先生，

这样指导学生：

学会赶快去教人，

教了又来做学生。

我们要继续不断地学，才能继续不断地教。孔子说的“学而不厌,诲人不倦”是要连起来看,不可分作两句读。我们要“学而不厌”，才能“诲人不倦”。

其次，因为要教人就不得不把所教的知识弄明白。一个负责任的小先生是“以教人者教己”。他所学的比一个普通的学生要正确得多。他不但是要明白这一课的意义，并且是要想法把他所明白的也叫别人明白。一个有准备的小先生对于所教的功课是有双层的了解，即对于学得的益处是有双倍的深刻。

最后，你还要跟你的学生学。你要知道你的学生需要什么，才教他什么。这个，你必得虚心请教你的学生，才能知道。你决不可凭着你的主观去教人。你还得明白你所找到的成人学生，白米比你多吃几担，必定有许多东西可以教你。你既虚心地请教他，他也会虚心地请教你。最好的教育是有来有往。老是靠你一方面讲话，你不变成了一个话匣子吗？你不但要忘记他是你的学生，并且要叫他忘记你是他的先生，这样，你才能做到一个进步的小先生。

十二、教你的学生也做小先生

小学生不但要自己做小先生，并且要教别的小孩做小先生，最要紧的是要教自己的学生做小先生。

我们的目的不是要得一个小先生的头衔，乃是要运用“即知即传”的原则，把知识公开给没有机会受教育的人。你既尽了义务教导别的人，如果他没有得着你的“即知即传”的精神，并且把这种精神实行出去，还是空的。他或者是为着升官发财来向你求学。这种自私自利的人是不配受教育。假使小先生所教的学生都是自私自利的人而不肯再把知识传出去，那么做小先生又有什么意义呢？古时候，苦读书的人多着咧。车胤把萤火虫装在纱囊里照着读书；孙康把书映在雪上读；朱买臣一面挑柴一面读书；李密把书挂在牛角上，有空便读。这些都是苦读书的例子。但是问他们为什么要这样苦读，就很少不是自私自利的。特别是朱买臣，他苦读书只是想做官，想做人上人。如果小先生所教的学生都像朱买臣那样自私自利，不是白费心血吗？

因此，小先生上了几天课之后就得说明白：我尽义务教你们，你们也要尽义务教别人，不肯尽义务教别人的人，是不配受教育的。不久，你就得开始教你的学生去找学生，还要教他如何克服他所碰着的钉子。总而言之，小先生的责任不单是教学生，而且是教学生做小先生和传递先生。

十三、小先生团

个人的力量小，团体的力量大，一个个的小先生要组织成“小先生团”，才能发挥充分的力量。小先生团是要拿团体的力量来制裁个人的行动，它是要把每一个人的力量集合起来，使这力量向着共同的目标发挥出去。每一个地方有了二个以上的小先生，就应该成立小先生团，每一个小先生都应该加入小先生团。如果没有现成的小先生团，小先生们就该动手组织一个，以负起你们共同的使命。

每团要立下一个公约，人人必须遵守。全团要公举团长一人，大家都要服从他的指挥。这位团长是一团共戴的领袖，他应该依据公约，分配职务，指挥进行。他若违反公约，大家可以推倒他。但当他执行公约时候，谁都应该服从，不可吊儿郎当，各干各的。团长之外要有书记员专司记录，监察员专司个人行动之纠正。每团须隔几天开团务会议一次，商议进行计划，解决困难问题，批判本身错误。

这种团体是必要的。一来，我们最缺少的是集团生活。小先生为前进的小孩，必须过一过集团的生活，才能依据即知即传的原则，引导别人去过同样的生活。二来，小先生在社会上活动的时候必定是会遇着许多问题，碰着许多钉子，有的要共同讨论才能了解，有的要共同行动才会解决。三来，普及教育的工作，根本就不是散漫的个人所能干得好的，必须有千千万万的即知即传的集团才能冲锋陷阵，攻破那愚昧顽固的阵线。因此小先生不要专靠个人的力量干，要联合大家的力量干。小先生必须组织小先生团。

俗语说："一个和尚挑水吃，两个和尚抬水吃，三个和尚没得水吃。"和尚多了一个，水儿反少一桶，这都是个人自由捣的鬼。若有组织，把个人自由镇压下去，人越多，力量越大。小先生必得把个人自由献给团体。你必定把领袖欲连根拔掉。你必不可以借团体来出风头。你不可以假公济私，揩公家的油。你若发现人家有错误，当面劝告他，或彼此来它一个自我批判，不可背后说人坏话，抱着大目的前进。闹意气是不长进。这些是每人都得努力修养，否则小先生团是可以今天成立明天破裂，那不是一桩最可惜的事吗？我新近写了一首歌谣，愿献给小先生团做参考。

你说他不好。

他说你不好。

地上长茅草。

不打而自倒。

十四、一变二

小先生团结了起来，便可以攻进"愚蠢"的王国，解除"迷信"的武装，发出"真理"的光辉。

但是跑进一个人地生疏的村庄里去干普及教育工作，也不是一桩容易的事。你们虽然说得天花乱坠，若是人家不睬你们这些素不相识的小孩，你们也要觉得没趣吧？你们不可以仗着“团的力量”蛮干。小先生团必得有新武器才能百战百胜，你们若是跑到一个陌生的地方去工作，下面所提的几件东西可以带去试一试：

（一）手提留声机一架与几张民众爱听的唱片；

（二）小药库一个与几种民众急需的药品；

（三）图画书数十册；

（四）小皮球几个。

这些东西可以说是普及教育的“四大法宝”。拿着这四大法宝，小先生团如果认真地干，那么，每到一个地方，必是势如破竹。倘使小先生团里有人会唱歌，会讲故事，留声机就可以不带。如果把这四大法宝运用得好，只需两三天，你们在当地就可以得着许许多多朋友。进一步再教他们自己组织起来，依着即知即传人的道理教导自己。你们还要运用访问、通信、总集合、巡回辅导、流通图书、互相参观等等方式与他们发生不断的关系。这样一来，小先生团就可以一变二,二变四,四变八地繁殖出去，对于普及教育，自有很大的贡献。

十五、钉住你的学生，也让你的学生钉住你

最后,做小先生,要有恒心,虎头蛇尾是没有出息的。“即知即传”是一个终身的工作。你不能把你的学生教了几天或几个月就丢掉。

比如，你在小学里求学的时候找到了两位学生——一位是你的妈妈，另一位是邻居的守牛小孩，天天把小学里学得的重要知识传给他们，他们就好像是和你一起进了小学。你虽然每天只能教他们

半小时，但继续学了四年六年，他们对于文字方面，最少是能看信了，等到你进了中学，你就可以用通信的方法，把你在中学里所学的知识，随时提取精华教给他们。寒假暑假回家，你还可以当面教导他们。他们对于不懂的事情也可以随时写信问你。这样，他们就好比是进了中学。当你进了大学，如果继续地和他们通信，那么，他们也就可以算是进了大学，只要你不忘记他们，他们是和你一同长进。这种终身共同长进的关系，是人类的一种宝贵的关系。在这种宝贵的关系里，我们可以看出小先生应该努力的方针。给人一点儿知识之后就把他丢掉，是一种轻薄的行为。五分钟热心是可耻的。

你要钉住你的学生，也让你的学生钉住你。

—— 1935 年

通不通？

张耀祥先生在《教育杂志》上发表了一篇短评，驳我们的“读死书”“死读书”“读书死”的言论。他拿了许多证据出来证明这三句话不通。是我们不通呢，还是他不通？这个我们愿意等候读者裁判，用不着我们自辩。但是他的短评里是有好几点引起了我们讨论的兴趣。

（一）

当我们劝告青年不要读死书，死读书，读书死的时候，我们接着就劝告大家要“用活书，活用书，用书活”。

我们的指针是“过什么生活，用什么书”。不用功的青年固不能借口而丢掉书本，蛀书虫也不能断章取义说我们把书本抹杀。

（二）

张先生说:“近人提倡劳作,不惜毁谤读书。”我们所提倡的是“在劳力上劳心”而不是寻常学校里的“劳作”。在我所写的论文里从来没有“劳作”这个名词。我们是要大家参加社会生活里的劳动，而参加这种劳动的时候是要手脑并用。这种劳动，并不是在学校里设一门劳作功课点缀点缀就算完事。有时这些装饰品的劳作除了开展览会外，是别无用处。甚至于这种功课是侮辱工具，糟蹋材料，加倍消耗。我们反对读死书，死读书，读书死，绝不是为了要提倡这种与当前社会生存需要无关的劳作。

（三）

字典、辞源、电话簿，我们只承认是用的书而不是读的书。当张先生编《中国识字测验》和校对《善恶字汇》的时候，恐怕也只是用字典而不是读字典。用字典是谁也赞成。读字典便是死读书了。张先生还举了《推背图》《烧饼歌》来证明那句“开卷有益”的老话。按他的意思，世界上是没有“死书”，只要是书，都是有用的。好，医学研究所的解剖室里的死尸何尝没有用！你能教大家都来研究死尸吗？你能因为医学家用得着死尸就说死尸是活人吗？

（四）

“死读书”他是承认了一半。他说：“一说反复诵读一本不甚了解的书，至烂熟为止，便是死读书。私塾里的儿童有这样的事。”但他一转身又把承认的话吞了下肚。他以为不能责备这些儿童，“因为他们是被强迫使然的”。谁来责备小孩呢？但强迫小孩这样死读书的人就能宣告无罪吗？

（五）

他又说：“我以为如承认读书是件好事，正不妨多读。……书不像食物，吸收多了会停滞的；倒很像货财，多多益善。”这是多么精彩的一段读书发财论！我肥天下瘦，我智天下愚，本来是同一个人导演出来的两出悲剧。

（六）

张先生又说："假若有人无需为目前个人衣食而劳作，致全力于读书，不管他是为求学或为消遣，我们都不应非议他。"请问这位致全力于读书的先生的衣从何来？食从何来？正当大众吃树皮草根的时候，读书人还以"致全力于读书"为消遣，还不许人非议。好，"农夫心内如汤煮，公子王孙把扇摇"，我们看到这两句诗，再看看张先生的言论，当作何感想？

只吃桑叶而不肯吐丝的蚕，谁愿养？

（七）

"书呆子是社会的名称，不是科学上的名称。"

他这样为书呆子辩护。但是我们能够因为科学里没有书呆子的名称，就否认书呆子的病态吗？张先生赞成读经，好，引一句经来证明吧。孔子说："乡愿，德之贼也。"请问"德之贼"是个科学的名词吗？乡愿能用科学为盾牌而逃避"德之贼"的社会制裁吗？书呆子是个什么人？我就用张先生的话来答复：书呆子是一个致全力于读书的人。他除读书以外，不做别的工作。爸爸病了他不管。妈妈没有米下锅了他不管。穷孩子不能上学他不管。邻居失火他不管。田里大旱他不管。逃荒的人吃树皮草根他不管。黄河决口他不管。甚至于日本夺了东四省，打到了上海都不管。管是管的：《本草纲目》《孝经》《齐民要术》，教育统计，水灾报告，"九一八"和"一·二八"的历史，哪一样不是读得熟透了吗？然而麻木不仁！这种麻木不仁的人还不是和呆子差不多？还不要想个法子来为他们诊治诊治吗？

（八）

读书读得太多把性命送掉，据张先生说，这就是所谓“读书死”。如果世间真有这种人，他倒愿意顶礼敬拜。现在信教自由，谁都让他去崇拜。但是我们对于“读书死”的认识决不停止于个人的死活上。拼命读书，始而近视，继而驼背，终而吐血以至于夭折，这种狭义的死固然令人为他可惜。但是更可惜的是未死之前，整个生活之残废麻醉，失却人生、社会的正确意义。只管读书，不顾父母死活而父母死。只管读书，不顾民族死活而民族死。这样，小己纵然读书成名升官发财，而袖手坐看大己枯萎，我们要不称他为读书死也不行了。

（九）

张先生说：“嗜书者好沉默，因为他时刻在思想，不爱参加其他活动，因为他已经得着最高等、最愉快之活动。”这几句话实在是一个有闲的书呆子的小影。除了思想宜改为呆想或空想之外，我想这幅小影是画得不错。书是当作鸦片烟吃上瘾了。躺在烟铺上大抽其大烟，虽有南面王也不愿做了。

（十）

不错，“犁耕是劳动，笔耕也是劳动”。但是，“只问耕耘不问收获”的时代是过去了。我们必须问为什么耕，种的什么。不管是犁耕也好，笔耕也好，而种出来的东西都是麻醉人的大烟，那么，虽能愉快一时，前途怎么呢？

（十一）

最后，张先生误认读书与求知为一件事。用书只是追求已经发现的知识的一种方法。用书虽然重要，但是如果以书本为一切知识之泉源，那就难免坐井观天了。法拉第做订书徒弟的时候，对于书是订一本，看一本。一次他装订一部百科全书，看到电气一章，觉得不够味。他以后关于发电机的发明，与其说是从书中得来，不如说是从书不够味中得来。

——1935年6月15日《生活教育》第2卷第8期

每天四问*

今天是本校三周纪念，我有一些意见提出来和大家谈谈，作为先生、同学和工友们的参考。

本校从去年的二周纪念到今年的三周纪念，在这样的艰难困苦中支持了一年，几乎是一个奇迹。这个奇迹，不是一个人的力量所能够做得出来的，而是全体先生、同学、工友共同坚持，共同进步，共同创造，以及社会上关心我们的人士尽力赞助所得来的。

本校在这一年中，好像是我们先生、同学、工友二百人坐在一只船上，放在嘉陵江的急湍中漂流。大的漏洞危险虽然没有，但是小的漏洞是出了一些。这些小漏洞也可以变成大漏洞，使我们的船沉没下去的！然而我们的船没有因为这些小漏洞沉没，就是由于我们这些同船的人，一见有小漏洞，即想尽方法用力去堵塞，有时用手去堵，有时用脚去堵，甚至有时用头用全身的力量去堵，终于把这只船上的小漏洞堵塞住，而平稳地度过这一年，达到了目的地。这是一个奇迹，一个共同努力、共同创造的奇迹。

“一切为纪念”，刚才主席提的这一个口号，当然是有它的作用的，大家用力对着这一个目的来创造，是很好的。但是我对于这一个口号有点害怕，害怕费钱太多，害怕费力太多，以致筋疲力尽，恐怕得不偿失。所以我主张明年四周纪念,要改变方针。我们的成绩，要从明天起即开始准备，日积月累，“水到渠成”。不要在短期内来多费钱和多费力量，到了明年七月一日，只要把平日的成绩装潢一下便丰富了，再不必像今年和去年这样忙了。大家也可以很从容很清闲而有余裕地过着四周年纪念。

现在我提出四个问题，叫作“每天四问”：

第一问：我的身体有没有进步？

第二问：我的学问有没有进步？

第三问：我的工作有没有进步？

第四问：我的道德有没有进步？

第一问：我的身体有没有进步？

首先，我们每天应该问的是：“自己的身体有没有进步？有。进步了多少？”为什么要这样问？因为“健康第一”。没有了身体，一切都完了！不禁使我想到了去年二周纪念前九日邹秉权同学之死，与今年三周纪念前九日魏国光同学之死！二人死的日子恰恰是一周年，不过时间上相差八九个钟点罢了。这两位同学的死，使我联想到：我们必须继续建立“健康堡垒”。要建立健康堡垒，必须注意几点：

（一）科学的观察与诊断。科学教我们仔细观察与分析。比如邹秉权、魏国光两同学之死，尤其是这一次魏国光同学的死，不能不说是我们先生、同学的科学的观察力不够。魏国光同学患的是“蛔虫”症候，他在学校寝室内吐过蛔虫，有同房的同学见到没有报告，先生也没有仔细查看，到了医院又在痰盂中吐过蛔虫，又没有注意到，这就是缺少科学重证据的“敏感”,而成为一种不科学的“钝感”了！而医生又复大意，在这种钝感之下误断为“盲肠炎”。虽然他腹痛的部位是盲肠炎的部位，但既称为“炎”，就必得发“热”，今既无热，就可以断定不是盲肠炎了，何以需要开刀割治?! 其实魏国光同学的病症是蛔虫积结在肠胃内作怪，不能下达，而向上冲吐了出来！如果把这吐过蛔虫的证据提出来,医生一定不致遽断为盲肠炎,而开刀,而发炎，而致命！因为魏国光同学之死，我们必须提高“科学的警觉性”。以后遇病，必须拿出有力的证据来，才不致有错误的诊断，而损害了身体。否则，就有追踪邹秉权、魏国光两同学之死的危险！所以提高科学的警觉性，是保卫生命的起码条件。最重要的还是要用科学的卫生方法，好好地调节自己的身体，不生病！科学能教我们好好地生活、生存！我们今后应该多提高科学的知能，努力建立科学的健康堡垒，以保证我们大家的健康和生命。

（二）饮食的调节与改进。我这次去重庆，因事到南岸，会到杨耿光（杰）先生。杨先生是这一年来对我校经济支援最多的一位热心赞助者。我们谈到儿童和青年的营养问题，杨先生说德国人对于这个问题很重视。德国有一位大学教授，谈到他的儿子的营养时，说过这样一段话:“我为什么有这样好的身体，可以担任这样繁重的工作? 因为我的父母从小注意我的营养，使我的身体结实得像钢骨水泥做的一样。营养身体最好的材料是牛肉，所以我每天要给我的儿子吃半斤牛肉，一直到二十五岁，使他的身体也像钢骨水泥做的一样，可以和我一样担任繁重的大事了。”纳粹德国政府，对于全国儿童及青年营养问题的关心，是无微不至的。我们今天关于营养的问题提到德国，并不是要像纳粹德国一样，把儿童和青年的身体培养得结实强健，然后逼送他们到前线去当侵略人家的炮灰！但是这种注重儿童和青年营养问题的办法，是值得注意的。苏联是社会主义的国家，对于儿童和青年的营养问题，更是无微不至地关心，所以他能在一切建设中，在抵抗侵略中，到处都表现出旺盛的民族青春的活力。其他许多国家政令中亦多注意到儿童和青年的营养问题。我们在今天提出营养问题来，就是为着现在和将来人人能够担负艰巨的任务。因此，要改进我们的膳食，为国家民族而珍重每一个人的身体健康。

（三）预防疲劳的休息。“饱食终日，无所用心”固然不对，但是过分地用功，过分地紧张劳苦工作，也于一个人的身体健康有妨害，致使脑力贫弱，体力匮乏，甚至于得大病，不但耽误了学习和工作，而且会缩短寿命！所以我在去年早已提出“预防疲劳的休息”问题，今天重新提出，希望大家时时提高警觉，预防疲劳，不要使身体过分疲劳。天天能兴致勃勃地工作学习，健康必然在愉快中进步了。至于已经有人过分疲劳了，要快快作“消除疲劳的休息”。适当的休息，是健身的主要秘诀之一,万不可忽略。忽略健康的人，就等于在与自己的生命开玩笑。

（四）用卫生教育代替医生。卫生首在预防疾病。卫生教育就在于教人预防疾病，减少疾病。卫生教育做得好，虽不能说可以收到百分之百不生病的效果，但至少是可以减少百分之九十的病痛。在预防外发生的病痛约有百分之十，只占很少成分，足以见出卫生教育效力之大了。以现在学校的经济状况来说，是难以支出两三千块钱来请一个医生。我们的学校是穷学校，中国的村庄是穷村庄。我们学校二百人，若以五口之家计算，等于一个四十户人家的村庄。若以这个比例来计算，全中国约有一百万个村庄，每村需要请一个医生，便需要有一百万个医生。现在中国的人力和经济力都不允许这样做，不能够这样做，所以我们学校也就决定不请医生。我们决心以提高卫生教育的效力来代替医生，保证健康。以卫生教育代替医生，在两月前，我已有信给学校，提出十几条具体事实来，希望照行。现在想来，还是不够，需要补充。待补充之后，提交校务会议商定进行。今天先提出来告诉大家，希望大家多多准备意见，贡献意见，在建立“科学的健康堡垒”上多尽一分力量，便是在卫生教育的施行上多一分力量，使卫生教育的胜利多一分保证。大家都成为建立“科学的健康堡垒”的重要成员之一、健将之一，共同来保证“健康第一”的胜利。

第二问：我的学问有没有进步？

其次，我们每天应该问的是：“自己的学问有没有进步？有。进步了多少？”为什么要这样问？因为“学问是一切前进的活力的源泉”。学问怎样能够进步？学习方法很重要。现在我想到有五个字，可以帮助我们的学问易于进步。哪五个字呢？

第一个是“一”字。一是“专一”的“一”。荀子说“好一则博”，这句话是很有精义的。因为有了一个专一的问题做中心，从事研究，便可旁搜广引，自然而然地广博起来了。我看世界名人学者对于治学的解释，尚少如此精约的，治学必须“专一”，这是天经地义的了。

"专一"在英文为 concentration。我们对于一件事物能够专心一意地研究下去，必然能够有一旦豁然贯通之时。所以我希望有能力研究的先生和同学，必须择定一个题目从事研究，即使是一个很小的问题，也可以研究出很深刻很渊博的大道理来。于人于己都可得到切实的益处，而且可能有大的贡献。

第二个是"集"字。集是"搜集"的"集"。集照篆字的写法，是这样"篆"，好像许多钩钩一样。我们研究学问有了中心题目，便要多多搜集材料，像"集"的篆写一样，用许多钩钩到处去钩，上下古今、左右中外地钩，前前后后、四面八方地钩，钩集在一起来，好细细研究。集字在英文为 collection。我们有了丰富的材料，便可以原原本本地彻头彻尾地来研究它一个明明白白，才能够真正理解这个问题的症结所在，才能够"迎刃而解"，才能够收得"水到渠成"的效力。所以我希望大家对于每一个问题，都必须多多搜集材料，以便精益求精地研究。在研究上发生力量，在研究上加强创造力量，集体创造，共同创造，在创造上建立起我们事业的新生命，树立起我们事业的新生机，稳定我们事业的新基础。

第三个是"钻"字。钻是"钻进去"的"钻"，就是深入的意思。钻要费很大的力量，才能够钻得进去，深入到里面去，看得清清楚楚，取得最宝贵的宝贝。做学问虽不能像钻东西那么钻，但是能够用最好的方法，也可以很快钻进去。我在某国，参观一个金矿，他们开采的机器，是运用大气的压力来做动力的。他们开采的速度，比现代所称为"电化"的电力，还不知要增加若干倍咧。我们做学问也是一样，如果我们能够以学术气氛的大气压力做动力去钻，一定能够深入到里面去,探索学问的根源与诀窍,而且会有很好的收获。“钻”字在英文为 penetration。我希望大家确定一个问题后，便要尽力向里面钻，钻出一大套道理来，使我们的学术研究有飞跃的进步。

第四个是“剖”字。剖是“解剖”的“剖”,就是“分析”的意思。有些材料钻进去还不够，必须解剖出来看它的真伪，看是有用的还是有毒素的，以便取舍，消化运用。“剖”字在英文为 analyzation。所以我希望大家对于每一个问题搜集来的材料，除了钻进去之外，必须更加着意做一番解剖的功夫，分析入微，如同在解剖刀下，在显微镜下，看得明明白白，分析得清清楚楚，真的有用的没有毒素的就拿来运用；如果是假的有毒素的就舍去不用。如此，鉴别材料，慎选材料，自然因应适宜了。

第五个是“韧”字。韧是坚韧，即是鲁迅先生所主张的“韧性战斗”的“韧”。做学问是种长期的战斗工作，所以必须有韧性战斗的精神，才能够战胜许许多多困难，化除种种障碍，开辟出一条新的道路，走入新的境界。“韧”字在英文中尚难找得一个适当的字来翻译，勉强可以译为 toughness。我希望大家在做学问上，要用韧性战斗的精神，始终不懈地坚持下去，终可达到“柳暗花明又一村”的境界。

我们每一个人,能把“一”“集”“钻”“剖”“韧”五个字做到了，在做学问上一定有豁然贯通之日，于己于人于社会都有贡献。

第三问：我的工作有没有进步？

再次，我们每天要问:“自己担任的工作有没有进步？有。进步了多少？”为什么要这样问？因为工作的好坏影响我们的生活学习都是很大的。我对于工作也提出几点意见，以供大家参考。

第一点是要“站岗位”。各人所负的责任不同，各人有各人的岗位，各人应该站在自己的岗位上，守牢自己的岗位，在本岗位上努力，把本岗位的职务做好，这是尽责任的第一步。我最近在想，人人应该受“站岗位”的教育。教育自己知责任，明责任，负责任——教育着自己进步。

第二点是要“敏捷正确”。人常说，做事要“敏捷”，这是对的。但我觉得做事只是做到敏捷还不够，敏捷是敏捷了，因敏捷而做错了怎么办？所以敏捷之下必须加上“正确”二字，工作敏捷而正确才有效力。一件工作在别人做起来需要四小时，你只要二小时或三小时就做好了，而且做得很正确，这才算是工作的效率。工作怎样能够做得敏捷正确呢？这就要靠熟练与精细。粗心大意，是最易弄错弄坏事情的。做事要像演算草一样，要演得快演得正确。

第三点是要“做好为止”。有些人做事，有起头无煞尾，做东丢西，做西丢东，忙个不停，不是一事无成，就是半途而废。我们做事要按照计划，依限完成，就必须有毅力坚持下去，一直到做好为止。

第四问：我的道德有没有进步？

最后，我们每天要问的是：“自己的道德有没有进步？有。进步了多少？”为什么要这样问？因为道德是做人的根本。根本一坏，即使你有一些学问和本领，也无甚用处。没有道德的人，学问和本领愈大，就能为非作恶愈大。所以我在不久以前，就提出“人格防”来，要我们大家“建筑人格长城”。建筑人格长城的基础，就是道德。现在分“公德”和“私德”两方面来说。

先说“公德”。一个集体能不能稳固，是否可以兴盛起来，就要看每一个集体的组成分子，能不能顾到公德，卫护公德。如果一个集体的组成分子，人人以公德为前提，注意每一个行动，则这一个集体，必然是日益稳固，日益兴盛起来。否则，多数人只顾个人私利，不顾集体利益，则这个集体的基础必然动摇，并且一定是要衰败下去，要不然，就只有把这些不顾公德的分子清除出去，这个集体才有转向新生机的希望。所以我们在每一个行动上，都要问一问是否妨碍了公德，是否有助于公德。妨碍公德的，没有做的即决心不做，已经开始做的，立刻停止不做。若是有助于公德的，大家就齐心合力来完成它。

再说“私德”。私德不讲究的人，每每就成为妨害公德的人，所以一个人私德更是要紧，私德是公德的根本。私德最重要的是“廉洁”，一切坏心术坏行为，都由不廉洁而起。所以我在讲“建筑人格长城”的时候，提到了杨震的“四知”，甘地的“漏夜还金”，华盛顿的勇敢承认错误和冯焕章先生所讲的“平老静还金镯”的故事。这些，都是我们大家私德上的好榜样。我们每一个人都可以效法这些榜样，把自己的私德健全起来，建筑起“人格长城”来。由私德的健全，而扩大公德的效用，来为集体谋利益，则我们的学校到了四周年，必然有一种高贵的品德成绩表现出来。

我今天所讲的“每天四问”，提供大家作为进德修业的参考。如果灵活运用，想到做到，明年今日四周纪念的时候，必然可以见出每一个人身体健康上有着大的进步，学问进修上有着大的进步，工作效能上有着大的进步，道德品格上有着大的进步，显出“水到渠成”的大大的进步。

——1942 年 7 月

* 本文是 1942 年 7 月，作者在育才学校 3 周年纪念晚会上的讲演，方与严记录整理，未经本人看过，1951 年编入《育才学校》，编入本书时文字上做了修改。

育才学校校歌

凤凰山上，
我们是凤凰的儿女，
我们是凤凰山的小主人。
凤凰山是我们的家，
我们的学校，
我们的乐园，
我们的世界。
我们是凤凰山的开垦者，
要创造出新的凤凰山，新的家，
新的学校，新的乐园，新的世界。
我们要虚心，虚心，虚心，
承认我们一无所知，一无所能。
我们要学习，学习，学习，
学习到人所不知，人所不能。
我们要贡献，贡献，贡献，
实现文化为公，天下为公。

修炼智慧之眼。

磨出金刚之喙。

展开大无畏之翼。

涵养一心向真之赤心。

观！

静观大千世界。

啄！

啄开未知之门。

飞！

飞入神秘之宇宙。

找！

找出真理之夜明珠，

衔回人间，

装饰在每一个人的额前，

照着人类在狂风暴雨的黑夜里，

稳步迈进，

稳步迈进。

走到天明，

迎接东升的太阳，

得到光，

得到热，

得到力，

创造幸福的新中国，新世界。

真即善，

真即美，

真善美合一。

让我们歌颂真善美的祖国，

真善美的世界，

真善美的人生，

真善美的创造。

——1943 年 11 月 18 日

从五周年看五十周年

育才学校在千灾万难中居然活了五年，可以算是一个奇迹。这个奇迹是校董、育才之友、教师、工友、同学最可纪念之集体创造。

我们纪念这个奇迹之最好的方式，是爱护它，保护它，发展它，繁殖它，使它在新中国和新世界之创造中，发挥出它的力量与贡献。

让我们克服自己的弱点，抱着我们的优良传统向前进吧。明天就是六周年的第一天。开步走的一刹那，就决定了我们的前途。弱点是最重的担子。肃清弱点才走得动，否则会使我们半途而废。弱点是最大的敌人。肃清内奸才能无后顾之忧，否则，会使自己打败自己。远征的战士，首先要有勇气对着自己的弱点开刀。每一个人都要有这种勇气，才能展开光明的前途，走上十万八千里之长程。

什么是我们的优良传统？我们所带在身边的武装是什么？检查自己这武装配备得够不够。

第一，奉头脑作总司令。人之高下，大致可以依他所奉的总司令为判断的标准。有的人奉肚子为总司令，也有人奉生殖器为总司令。我们育才则坚决地要推头脑作为总司令，指挥我们追求真理，贯通真理，为真理作战。这样说法，并不是叫我们把肚皮像个葫芦一样挂起来，也不是叫我们把生殖器像一个太监那样割掉去，只是不许把它们顶在头上走路，不许它们喧宾夺主来指挥我们行动。我们的统帅只有一个，就是我们的头脑。它永远不会引导我们走错路，打败仗。

第二，止于大众之幸福。我们求学，所为何事？为着升官发财吗？为着自己的小圈子的利益吗？不是！《大学》说："大学之道，在明明德，在亲民，在止于至善。"我们想说得更清楚些："大学之道，在明民德，在亲大众，在止于大众的幸福。"大德不能小于"天下为公"。大众是我们的亲人，我们是大众的亲人，是必须亲近，打成一片，并肩作战。"止"是表示瞄准的意思，一切所教所学所做所探讨，为的都是大众的幸福。人说育才好比是一个"小大学"，即使育才长成了——一个十足的大学，也是一贯地要根据这个道理去办。

第三，全校团结成一个巨人。开学后三个月，保育会院长来校参观，曾称本校师生为家人子弟。去年部视学来校视察，也称本校雍雍穆穆，精诚团结。我们自问，是希望做到而没有做到这个境界，虽然没有做到，但是大家自觉地都要同心协力，把这境界创造起来。因为有了这个团结的心理，虽然偶然发现小组小摩擦，只要一提醒，便能冰消云散，更形团结。大而言之，全世界民主团结才能战胜法西斯；全国团结才能战胜日本帝国主义；我们学校师生工友团结才能完成人才幼苗之培植之实验及参天大树之森林之繁殖。我们需要保持团结的优良传统，需要更高更坚固更自觉的团结，以保证进一步的创造之成功。

第四，虚心，虚心，虚心，承认一无所知，一无所能；学习，学习，学习，学到人所不知，人所不能。虚心学习这四个字，在文字上是我们的优良传统，在实际上是我们的最大弱点。许多人是犯了眼高手低的毛病，虚心的成了虚伪。我们今后的任务是要使文字宣传与实际生活统一起来，做到名副其实之“虚心”学习，将“骄”字从我们态度里拔掉，这“骄”字是阻碍我们进步的最大的敌人。我们要虚心地跟一切人学，跟先生学，跟大众学，跟小孩学，跟朋友学，也跟敌人学，跟大自然学，也跟大社会学，要学得专，也学得博。

第五，建立起健康之堡垒。这身体不属于自己，我们的生活是为整个民族乃至新人类所有，我们要以卫生教育与环境卫生代替医生，造成健康的堡垒，使得一点一滴的生活力与创造力都不致浪费。尤其是每一个人自己要爱惜他的身体。这身体要留着，锻炼着，与民族和新人类的敌人拼。浪费自己的精力以至于夭折，便等于敌人之帮凶而成为民族与新人类之罪人。

大时代早已来到，我们除了特修科要继续探讨外，应该要加强几样大的学问，以应大时代之需要。

第一，在战时，每一个学校应该不只是一个学问的组织，而且是一个战斗体。因为中国在战时仍旧办平时教育，故有些学校，甚至于大学，一遇敌人来到，仓皇失措，弄得这个跳井，那个上吊。三百年前的甲申，有上吊的皇帝，是他自作自受。现在的甲申，有上吊的学生，教育政策及教育当局却不能辞其责。每个学校和所在地的人民应当构成一个战斗体，能有拼死的学生，不能有上吊的学生。当月明星稀，铁鸟西来，谁能说敌人的降落伞不会落在凤凰山上？如果降落下来，应该不是我们上吊的时候，而是敌人送上门来挨打的机会。为着要加重这目的，我们加重军训。军训不能武八股，军训要教真武艺。

第二，在平时，尤其在战时，每一个学校应该不只是一个消费的组织，而且是一个生产体。我们要伸出双手来作生产劳动。我们要学习自食其力。我们每一组，拿出力量来建立本组之经济基础，合起来建立全校的经济基础。在可能范围之内，我们要做到：吃菜自己种，穿衣自己纺、自己织、自己制。我们把青春送给了光铁坡的荒野，光铁坡会把青春送回给我们。

第三，学习科学，帮助创造科学的新中国。现在的世界是一个科学的世界。整个中国必须受科学的洗礼，方能适于生存。抗战建国的大业，都要靠科学的力量完成。我们首先要把自然组充实起来，并以自然组为服务中心普及科学于全校——普及科学的生活，科学的学习。科学的意义应该包括社会科学。还要社会组负责任，引导全校以科学的眼光观察世界，观察人生。探讨它，分析它，以求得正确之了解，合理之处理。时机早已来到，刻不容缓，我们必须培养科学的幼苗，撒播科学的种子，使全中国遍开科学之花，丰收科学之果。

第四，学习民主，帮助创造民主的新中国。民主的洪流，浪头已经到来,没有力量可以抵抗它。我们必须在民主的生活中学习民主，并帮助老百姓在民主的组织中学习民主，学习管理众人的事，学习怎样做中华民国的主人。

—— 1944 年 6 月

创造宣言

创造主未完成之工作，让我们接过来，继续创造。

宗教家创造出神来供自己崇拜。最高的造出上帝，其次造出英雄之神，再其次造出财神、土地公、土地婆来供自己崇拜。省事者把别人创造的现成之神来崇拜。

恋爱无上主义者造出爱人来崇拜。笨人借恋爱之名把爱人造成丑恶无耻的荡妇来糟蹋，糟蹋爱人者不是奉行恋爱无上主义，而是奉行万恶无底主义的魔鬼，因为他把爱人造成魔鬼婆。

美术家如罗丹，是一面造石像，一面崇拜自己的创造。

教育者不是造神，不是造石像，不是造爱人。他们所要创造的是真善美的活人。真善美的活人是我们的神，是我们的石像，是我们的爱人。教师的成功是创造出值得自己崇拜的人。先生之最大的快乐，是创造出值得自己崇拜的学生。说得正确些，先生创造学生，学生也创造先生，学生先生合作而创造出值得彼此崇拜之活人。倘若创造出丑恶的活人，不但是所塑之像失败，亦是合作塑像者之失败。倘若活人之塑像是由于集体的创造，而不是个人的创造，那么这成功失败也是属于集体而不是仅仅属于个人。在一个集体当中，每一个活人之塑像，是这个人来一刀，那个人来一刀，有时是万刀齐发。倘使刀法不合于交响曲之节奏，那便处处是伤痕，而难以成为真善美之活塑像。在刀法之交响中，投入一丝一毫的杂声，都是中伤整个的和谐。

教育者也要创造值得自己崇拜之创造理论和创造技术。活人的塑像和大理石的塑像有一点不同，刀法如果用得不对，可以万像同毁，刀法如果用得对，则一笔下去，万龙点睛。

有人说：环境太平凡了，不能创造。平凡无过于一张白纸，八大山人挥毫画它几笔，便成为一幅名贵的杰作。平凡也无过于一块石头，到了菲狄亚斯、米开朗基罗的手里可以成为不朽的塑像。

有人说：生活太单调了，不能创造。单调无过于坐监牢，但是就在监牢中，产生了《易经》之卦辞，产生了《正气歌》，产生了苏联的国歌，产生了《尼赫鲁自传》。单调又无过于沙漠了，而雷赛布（Lesseps）竟能在沙漠中造成苏伊士运河，把地中海与红海贯通起来。单调又无过于开肉包铺子，而竟在这里面，产生了平凡而伟大的平老静。

可见平凡单调，只是懒惰者之遁词。既已不平凡不单调了，又何须乎创造。我们是要在平凡上造出不平凡，在单调上造出不单调。

有人说：年纪太小，不能创造，见着幼年研究生之名而哈哈大笑。但是当你把莫扎尔特、爱迪生及冲破父亲数学层层封锁之帕斯卡尔（Pascal）的幼年研究生活翻给他看，他又只好哑口无言了。

有人说：我是太无能了，不能创造。但是鲁钝的曾参，传了孔子的道统，不识字的惠能，传了黄梅的教义。惠能说“下下人有上上智”，我们岂可以自暴自弃呀！可见无能也是借口。蚕吃桑叶，尚能吐丝，难道我们天天吃白米饭，除造粪之外，便一无贡献吗？

有人说：山穷水尽，走投无路，陷入绝境，等死而已，不能创造。但是遭遇八十一难之玄奘，毕竟取得佛经；粮水断绝，众叛亲离之哥仑布，毕竟发现了美洲；冻饿病三重压迫下之莫扎尔特，毕竟写出了《安魂曲》。绝望是懦夫的幻想。歌德说：没有勇气一切都完。是的，生路是要勇气探出来，走出来，造出来的。这只是一半真理。当英雄无用武之地，他除了大无畏之斧，还得有智慧之剑，金刚之信念与意志，才能开出一条生路。古语说：穷则变，变则通。要有智慧才知道怎样变得通，要有大无畏之精神及金刚之信念与意志才变得过来。

所以处处是创造之地，天天是创造之时，人人是创造之人，让我们至少走两步退一步，向着创造之路迈进吧。

像屋檐水一样，一点一滴，滴穿阶沿石。点滴的创造固不如整体的创造，但不要轻视点滴的创造而不为，呆望着大创造从天而降。

东山的樵夫把东山的茅草割光了，上泰山割茅草，泰山给他的第一个印象是：茅草没有东山多。泰山上的“经石峪”“无字碑”“六贤祠”“玉皇顶”，大自然雕刻的奇峰、怪石、瀑布，豢养的飞禽、走兽、小虫，和几千年来农人为后代种植的大树，于他无用，都等于没有看见。至于那种登泰山而小天下之境界，也因急于割茅草而看不出来。他每次上山拉一堆屎，下山撒一泡尿，挑一担茅草回家。尿与屎是他对泰山的贡献，茅草是他从泰山上得到的收获。茅草是平凡之草，而泰山所可给他的又只有这平凡之草，而且没有东山多，所以他断定泰山是一座平凡之山，而且从割草的观点看，比东山还平凡，便说了一声：“泰山没有东山好。”这话被泰山一棵树苗听见了，它想到自己老是站在寸土之中，终年被茅草包围着，徒然觉得平凡，单调，烦闷动摇，幻想换换环境。一根树苗如此想，二根树苗如此想，三根树苗如此想，久而久之成趋向，便接二连三地，一天一天地，听到有树苗对樵夫说：“老人家，你愿意带我到东山去玩一玩么？”樵夫总是随手一拔，把它们一根一根地和茅草捆在一起，挑到东山给他的老太婆烧锅去了。我们只能在樵夫的茅草房的烟囱里偶尔看见冒出几缕黑烟，谁能分得出哪一缕是树苗的，哪一缕是茅草的化身？

割草的也可以一变而成为种树的老农，如果他肯迎接创造之神住在他的心里。我承认就是东山樵夫也有些微的创造作用——为泰山剃头理发，只是我们希望不要把我们的鼻子或眉毛剃掉。

创造之神！你回来呀！你所栽培的幼苗是有了幻想，樵夫拿着雪亮亮的镰刀天天来，甚至常常来到树苗的美梦里。你不能放弃你的责任。只要你肯回来，我们愿意把一切——我们的汗，我们的血，我们的心，我们的生命——都献给你。当你看见满山的树苗在你监护之下，得到我们的汗、血、心、生命的灌溉，一根一根地都长成参天的大树，你不高兴吗？创造之神！你回来呀！只有你回来，才能保证参天大树之长成。

罗丹说：“恶是枯干。”汗干了，血干了，热情干了，僵了，死了，死人才无意于创造。只要有一滴汗，一滴血，一滴热情，便是创造之神所爱住的行宫，就能开创造之花，结创造之果，繁殖创造之森林。

——1943年11月25日《新华日报》

创造年献诗

荀教："择一而壹焉"，
莫跟鼫鼠学五技。
凿井愈深口愈大，
博学首要在好一。
笼统哥哥要不得，
歧路之上快别离。
大题不可以小做，
小题大做做到底。
书若尽信不如无，
引书皆须注来历。
行以求知知更行；
不知直认为不知；
遍览已知求未知，
以知与人已愈知。
道听途说悬断语，

屡试屡验验还试。
“武断”“以为”靠不住，
存在由来定意识。
解剖本体寻条理，
追踪外缘找联系。
矛盾相克复相生，
数量满盈能变质。
源头之上搜证据，
观察发展觅定律。
文化钥匙要活用，
开发天人大神秘。
愿将真理化大利，
润泽苍生乃仁义。
日日月月积成年，
努力创造新天地。

—— 1941 年

创造的儿童教育

创造的儿童教育，不是说教育可以创造儿童，儿童的创造力是千千万万祖先至少经过五十万年与环境适应斗争，所获得而传下来之才能之精华，发挥或阻碍，加强或削弱，培养或摧残这创造力的是环境。教育是要在儿童自身的基础上，过滤并运用环境的影响，以培养、加强、发挥这创造力，使他长得更有力量，以贡献于民族与人类。教育不能创造什么，但他能启发解放儿童创造力以从事于创造之工作。

我们晓得特别是中国小孩，是在苦海中成长。我们应该把儿童苦海创造成一个儿童乐园。这个乐园不是由成人创造出来交给小孩子，也不是要小孩子自己单身匹马去创造，我们造一个乐园交给小孩子，也许不久就会变为苦海，单由小孩子自己去创造，也许就创造出一个苦海，所以应该成人加入小孩子的队伍里去，陪着小孩子一起创造。

一、把我们摆在儿童队伍里，成为孩子当中的一员。我们加入到儿童队伍里去成为一员，不是敷衍的，不是假冒的，而是要真诚的，在情感方面和小孩子站在一条战线上。我曾经写过一首小诗，描写过我们在小孩队中应有和不应有的态度：

儿童园内无老翁，老翁个个变儿童。变儿童，莫学孙悟空！他在狮驮洞，也曾变过小钻风，小钻风，脸儿模样般般像，拖着一条尾巴两股红。

我们要加入儿童队伍里，第一步要做到不失其赤子之心，做成小孩子队伍里的一分子。

二、认识小孩子有力量。我们加入儿童生活中，便发现小孩子有力量，不但有力量，而且有创造力。我们要钻进小孩子队伍里，才能有这个新认识与新发现。

从前当晓庄学校停办的时候，晓庄的教师和师范生不能回晓庄小学任职，私塾先生又被小孩拒绝，农人不好勉强聘请，不得已，小孩自己组织起来，推举同学做校长、当教员，自己教，自己学，自己办，并自称为自动学校，这是中国破天荒的小创造。我听见了这个消息以后，就写了一首诗去恭贺他们：

有个学校真奇怪：大孩自动教小孩。七十二行皆先生，先生不在学如在。

写好之后，交给几位大学生，请他们指教，他们说尽善尽美，于是用快信寄去。

第三天，他们回一封信，向我道谢之外，说这首诗有一个字要改。大孩教小孩，难道小孩不能教大孩吗？大孩能够自动，难道小孩不能自动吗？而且大孩教小孩有什么奇怪呀？这一串炸弹把个大字炸得粉碎，我马上把它改为“小孩自动教小孩”，这样一来，是更好了。黄泥腿的农村小孩改留学生的诗，又是破天荒的证明，证明小孩有创造力。

又有一次，我到南通州去推广“小先生”，写了一篇一分钟演讲词，内中有一段:“读了书，不教人，甚么人？不是人。”我讲过后有一个小孩子马上来说，陶先生，你的演讲最好把“不是人”改为“木头人”，“木头人”比“不是人”更好了。因为“不是人”三个字不具体，桌子不是人，椅子也不是人，而“木头人”是给了我们一个具体的印象。这也证明小孩子有创造力。我们要真正承认小孩子有创造力，才可以不被成见所蒙蔽。小孩子多少都有其创造的能力。

三、解放儿童的创造力。我们发现了儿童有创造力，认识了儿童有创造力，就须进一步把儿童的创造力解放出来。

（一）解放小孩子的头脑。儿童的创造力被固有的迷信、成见、曲解、幻想层层裹头布包缠了起来。我们要发展儿童的创造力，先要把儿童的头脑从迷信、成见、曲解、幻想中解放出来。迷信要不得，成见要不得，曲解要不得，幻想更要不得，幻想是反对现实的。这种种要不得的包头布，要把他一块一块撕下来，如同中国女子勇敢的撕下了裹脚布一样。

自从有了裹脚布，从前中国妇女是被人今天裹，明天裹，今年裹，明年裹，骨髓裹断，肉裹烂，裹成一双三寸金莲。

自从有了裹头布，中国的儿童、青年、成人也是被人今天裹，明天裹，今年裹，明年裹，似乎非把个个人都裹成一个三寸金头不可。如果中华民族不想以三寸金头出现于国际舞台，唱三花脸，就要把裹头布一齐解开，使中华民族的创造力可以突围而出。三民主义开宗明义就说：大凡人类对于一件事，研究其中的道理，首先发生思想，思想贯通，以后才生信仰，有了信仰，才生力量。思想贯通，便等于头脑解放。唯独从头脑里解放出来的创造力，才能打退日本鬼，建立新中国。

（二）解放小孩子的双手。人类自从腰骨竖起，前脚变成一双可以自由活动的手，进步便一天千里，超越一切动物。自从这个划时代的解放以后，人类乃能创造工具、武器、文字，并用以从事于更高之创造。假使人类把双手束缚起来，就不能执行头脑的命令。我们要在头脑指挥之下用手使用机器制造，使用武器打仗，使用仪器从事发明。中国对于小孩子一直是不许动手，动手要打手心，往往因此摧残了儿童的创造力。一个朋友的太太，因为小孩子把她的一个新买来的金表拆坏了，在大怒之下，把小孩子结结实实打了一顿。后来她到我家里来说："今天我做了一件极痛快的事，我的小孩子把金表拆坏了，我给了他一顿打。"我对她说，恐怕中国的爱迪生被你枪毙掉了。我和她仔细一谈，她方恍然大悟，她的小孩子这种行动原是有出息的可能，就向我请教补救的办法。我说："你可以把孩子和金表一块送到钟表铺，请钟表师傅修理，他要多少钱，你就给多少钱，但附带的条件是要你的小孩子在旁边看他如何修理。这样修表铺成了课堂，修表匠成了先生，令郎成了速成学生，修理费成了学费，你的孩子好奇心就可得到满足，或者他还可以学会修理咧。"小孩子的双手是要这样解放出来。中国在这方面最为落后，直到现在才开始讨论解放双手。在爱迪生时代，美国学校的先生也是非常的顽固，因为爱迪生喜欢玩化学药品，不到三个月就把他开除！幸而他有一位贤明的母亲，了解他，把家里的地下室让给他做实验。

爱迪生得到了母亲的了解，才一步步的把自己造成发明之王。那时美国小学的先生不免也阻碍学生的创造力的发展。我们希望保育员或先生跟爱迪生的母亲学，让小孩子有动手的机会。

（三）解放小孩子的嘴。小孩子有问题要准许他们问。从问题的解答里，可以增进他们的知识。孔子入太庙，每事问。我从前写过一首诗，是发挥这个道理："发明千千万，起点是一问。禽兽不如人，过在不会问。智者问得巧，愚者问得笨。人力胜天工，只在每事问。"但中国一般是习惯不许多说话，小孩子得到言论自由，特别是问的自由，才能充分发挥他的创造力。

（四）解放小孩子的空间。从前的学校完全是一只鸟笼，改良的学校是放大的鸟笼。要把小孩子从鸟笼中解放出来，放大的鸟笼比鸟笼大些，有一棵树，有假山，有猴子陪着玩，但仍然是个放大的模范鸟笼，不是鸟的家乡，不是鸟的世界。鸟的世界是森林，是海阔天空。现在鸟笼式的学校，培养小孩用的是干腌菜的教科书。我们小孩子的精神营养非常贫乏，这还不如填鸭，填鸭用的还是滋养料让鸭儿长得肥胖的。我们要解放小孩子的空间，让他们去接触大自然中的花草、树木、青山、绿水、日月、星辰以及大社会中之士、农、工、商，三教九流，自由的对宇宙发问，与万物为友，并且向中外古今三百六十行学习。创造需要广博的基础。解放了空间，才能搜集丰富的资料，扩大认识的眼界，以发挥其内在之创造力。

（五）解放儿童的时间。现在一般学校把儿童的时间排得太紧。一个茶杯要有空位方可盛水。现在中学校有月考、学期考、毕业考、会考、升学考，一连考几个学校，有的只好在鬼门关去看榜。连小学的儿童都要受着双重夹攻。日间由先生督课，晚上由家长督课，为的都是准备赶考，拼命赶考，还有多少时间去接受大自然和大社会的宝贵知识呢？赶考和赶路一样。赶路的人把路旁风景赶掉了，把一路应该做的有意义的事赶掉了。除非请医生，救人，路是不宜赶的。考试没有这样的重要，更不宜赶。赶考首先赶走了脸上的血色，赶走了健康，赶走了对父母之关怀，赶走了对民族人类的责任，甚至于连抗战之本身责任都赶走了。最要不得的，还是赶考把时间赶跑了。我个人反对过分的考试制度的存在。一般学校把儿童全部时间占据，使儿童失去学习人生的机会，养成无意创造的倾向，到成人时，即使有时间，也不知道怎样下手去发挥他的创造力了。创造的儿童教育，首先要为儿童争取时间之解放。

四、培养创造力。把小孩子的头脑、双手、嘴、空间、时间都解放出来，我们就要对小孩子的创造力予以适当之培养。

（一）需要充分的营养。小孩的体力与心理都需要适当的营养。有了适当的营养，才能发生高度的创造力，否则创造力就会被削弱，甚而至于夭折。

（二）需要建立下层的良好习惯，以解放上层的性能，俾能从事于高级的思虑追求。否则必定要困于日用琐碎，而不能向上飞跃。

（三）需要因材施教。松树和牡丹花所需要的肥料不同，你用松树的肥料培养牡丹，牡丹会瘦死，反之，你用牡丹的肥料培养松树，松树受不了，会被烧死。培养儿童的创造力要同园丁一样，首先要认识他们，发现他们的特点，而予以适宜之肥料、水分、太阳光，并须除害虫，这样，他们才能欣欣向荣，否则不能免于枯萎。

最后，我要提醒大家注意创造力最能发挥的条件是民主。当然在不民主的环境下，创造力也有表现，那仅是限于少数，而且不能充分发挥其天才。但如果要大量开发创造力，大量开发人矿中之创造力，只有民主才能办到，只有民主的目的、民主的方法才能完成这样的大事。美国杜威先生（不是候选总统之杜威，而是哲学家、教育家之杜威）最近给我信说："现在世界是联系得这样密切，如果民主的目的与方法不能在全世界每一个角落里都普遍的树立起来，我怕它们在美国也难持久繁荣。"民主应用在教育上有三个最要点：

（一）教育机会均等，即是教育为公，文化为公。我们要求贫富的机会均等，男女的机会均等，老幼的机会均等，各民族各阶层的机会均等。

（二）宽容和了解。教育者要像爱迪生母亲那样宽容爱迪生，在爱迪生被开除回家的时候，把地下室让给他去做实验。我们要像利波老板宽容法拉第。法拉第在利波的铺子里作徒弟，钉书钉得最慢，但是利波了解他是一面钉书一面读书，终于让法拉第在电学上造成辉煌的功绩。

（三）在民主生活中学民主。专制生活中可以培养奴才和奴隶，但不能培养人民做主人。民主生活并非乱杂得没有纪律。民主要有自觉的纪律，人民只可以在民主的自觉纪律中学习做主人翁。在民主动员号召之下，每一个人之创造力都得到机会出头，而且每一个人的创造力都能充分解放出来。只有民主才能解放最大多数人的创造力，并且使最大多数人之创造力发挥到最高峰。

——1945年4月1日《战时教育》第9卷第1期

敲碎儿童的地狱，创造儿童的乐园

儿童是应该快乐的，而现在中国的儿童是非常痛苦。固然有许多人才是从痛苦中长大起来，但是成人的责任是应该把社会改造得好一点，使未成熟的儿童少吃点苦，多享点福。我们应该负起责任来，敲碎儿童的地狱，建立儿童的乐园。不够，我们应该引导儿童把地狱敲碎，让他们自己创造出乐园来。

要怎么样除苦造福

第一，我们应该承认儿童的人权。儿童的人权从怀胎的时候开始。打胎虽有法律禁止，但是社会上还是流行着。为着恐怕私生子为人轻视，便从源头上取消了他的生存权。也有因为贫穷不能教养而出此残忍手段，使已得生命之胎儿不能见天日。我们只需读一读孔子、耶稣的故事，便知道剥削儿童生存权是何等的罪恶。每逢饥荒便听得见“易子而食”，这虽然说是被迫无法才出此下策，但也是把小孩的生命当作次一等所致。我们要解除儿童痛苦增进儿童福利，首先要尊重儿童的人权。

第二，我们应该了解儿童的能力需要。儿童有许多痛苦是由于父兄师长之不了解。不了解则有力无处用，有苦无处说。我们要知道儿童的能力需要，必须走进小孩的队伍里去体验而后才能为小孩除苦造福。我们必须重生为小孩，不失其赤子之心，才能为儿童谋福利。

第三，承认了儿童的人权并了解了儿童的能力需要，才有可能谈儿童福利，否则难免隔靴搔痒，劳而无功。我们在尊重儿童人权及了解儿童能力和需要两条原则下，来提出几件具体的建议。

提出十点具体建议

（一）解除儿童的恐怖。中国的儿童在心理上是处在一个恐怖的世界里。老婆婆、老妈子一到夜晚没有事便讲鬼说怪，小孩们连在梦里都要骇醒。我们应该使小孩与这些鬼怪故事隔绝，以保持精神之安宁。

（二）打破重男轻女之风尚。这重男轻女的风尚连在文化界还是难免。男的受过分栽培，女的受偏枯的待遇；表面虽然似乎是一乐一苦，但在长大的过程中两者都难免受伤。

（三）提倡儿童卫生。儿童卫生是民族健康之基础，这基础必须用水泥钢骨打得稳固。但是平常做父母的多不注意。儿童卫生有一百件具体的事要做，我只举一件，把食物嚼碎给儿童吃，是害了许多儿童，使家庭的肺病一代代的传下去。革除这一坏习惯，是使许多儿童得到终身的幸福。至于营养要充足，环境要卫生，那是不消说了。

（四）拯救文化饥荒。成千成万的孩子对于学校是不得其门而入，那些已经进学校的是在吃干腌菜的课文。我们一方面要求教育之普及，一方面还要改造学校教育，使教育与生活密切的联系起来，使每一个人都能享受文化的精华。并且要革除体罚，改良赶考，注重启发，使小孩接受教育的时候，有求学之乐趣，而无不必要之恐怖与烦恼。

（五）培养人才幼苗。人才的幼苗当从小培养，如果家庭里、学校里、铺子里的孩子，在小的时候，已被发现有特殊的才干，那么，立刻就应该给他以适当之肥料、水分、阳光，使他欣欣向荣。十二岁的爱迪生因为醉心于科学把戏，三个月便被冬烘先生开除了，那对于爱迪生的小心灵是多么大的打击！爱迪生的母亲却了解他，给他在地下室做实验，那对于爱迪生又是多么大的幸福啊！

（六）提倡儿童娱乐。现在流行的戏剧电影，有好些是给了儿童不好的影响。许多父母因为影响不好而因噎废食，绝对不许子女看书看电影。假使我们有好的儿童剧、儿童电影，可以寓教于娱乐，那儿童又是多么的高兴啊！

（七）开展托儿所运动。女工、农妇及职业妇女要顾到工作便顾不得小孩，顾到小孩便顾不到工作！其实他们是必得双方兼顾，不顾工作便没有饭吃，小孩是自己的亲血肉，哪能不顾？于是他们为着两样都舍不下的工作和小孩，是一面牺牲了自己，又一面使小孩吃了许多苦。唯一的办法是多设工厂托儿所、农村托儿所和一般的托儿所。

（八）建立儿童工学团。流浪儿、低能儿、聋盲儿、社会问题儿童等特殊儿童，一概用工学团方式培养，不冠以流浪儿教养院或低能儿训练所一类违反心理之名称。每种使小孩就其性之所近，依“工以养生，学以明生，团以保生”之原则，把他们培养成自助长进有用之人。

（九）培养合理之教师父母。儿童痛苦之完全消灭及儿童福利之完全实现，有待于天下为公。在这过渡时代与儿童幸福痛苦息息相关的，是父母与教师（包括艺徒之师傅）。我们要培养新父母和新教师，以培养更有福的后一代。旧父母和旧教师，凭主观以责儿童之服从；新父母和新教师，客观的根据他们的需要、能力以宣导他们的欲望而启发他们的自觉的活动。新父母与新教师，要跟儿童学，教儿童启示自己如何把儿童教得更合理。这种对儿童有了解有办法的新父母、新教师不是从天上落下来，我们需要新的普通学校、新的师范学校和新的父母学校来培养后一代之新教师与新父母，这是过渡时代之儿童福利之泉源。

（十）抢救战区儿童。抢救难童，在武汉失守前后达到了最高峰。许多英勇青年投身抢救工作及保育事业。当我回国之初，到处所见的，几乎尽是救苦救难的观音大士。以后，随着团结之松懈，民主之退隐，战区难童就好像没有人管了。自湘桂战起，全国儿童福利工作人员开代表大会于陪都，提出紧急动议，组织急救战区儿童联合委员会，加紧抢救工作，这是值得庆幸的好消息。当千千万万难童伸出手来等待援助的时候，在陪都是举行着中国儿童福利协会之成立大会。我希望以后协会的任务是抢救抢教双管齐下，才对得起后一代之期望与整个民族之付托。我曾经听过两种被救的难童的经验谈：一种是官僚化的抢救，领队者刚愎自用，剥削难童，先难童之乐而乐，后难童之忧而忧，弄成乌合之众，害得许多小孩死于饿，死于冻，死于病，死于非命！一种是民主式的抢救，领队者虚心听取民意，与难童共休戚，共甘苦，有组织，有计划，有纪律，分工合作，一路学习玩耍奋斗而来，使得大家有远征之乐，没有逃难之苦。为难童服务的人们，是应当革除官僚的习气而采取民主的精神。

两种心理有害儿童

我们对于儿童有两种极端的心理，都于儿童有害。一是忽视；二是期望太切。忽视则任其像茅草样自生自灭；期望太切不免揠苗助长，反而促其夭折。所以合理的教导是解除儿童痛苦增进儿童幸福之正确路线。我们必须沿这路线进行，才能使儿童脱离苦海进入乐园。

——1944年12月16日重庆《时事新报》

民主的儿童节

儿童的生活，是社会的一面镜子。

一个国家的政治经济，是否民主，用不着争论，只须拿这一面镜子照一照，就明白了。因为儿童真是人微言轻，政治经济在儿童身上反映，是最彻底而难以隐藏的。如果“月到中秋分外明”这句话是正确的，那么，您在儿童节的儿童生活的反映上更可以看得清清楚楚。幸运的儿童，是一年三百六十五天，天天过儿童节，四月四日不过是加强的儿童节罢了。不幸的儿童，就连四月四日也与他们无关，他们在儿童节仍旧是擦皮鞋、拾狗屎、做苦工，挨饿、挨冻、挨打。饿、冻、打，便是他们所受的礼物。听戏，看电影，吃糖果，参加游艺会，没有他们的份。

民主没有深奥的意思，通俗点说：就是“大家有份”。在倒霉的时候是“有祸同当”，在幸运的时候是“有福大家享”，在平常的时候是“大家的事大家做，大家谈，大家想”。儿童节是全国儿童的儿童节，决不是少数儿童的儿童节。我们对于儿童幸福要做到全体儿童人人有份，才算是民主的儿童节。所谓儿童的幸福究竟是些什么？这可以拿老百姓所爱好的“福禄寿喜”四个字来说明。

（一）福，有母爱，有书读，有东西玩，有六大解放。有学当其材之培养，有小小创作的机会，有广大的爱护后代的同情。

（二）禄，吃得饱，穿得暖。

（三）寿，不受恐怖，不被剥削，不受伤，不害病，不夭折。

（四）喜，过年过节，皆大欢喜。

要想实现这四大幸福，我觉得要使小孩子们得到四种东西：

（一）玩具，团体娱乐之玩具。

（二）学具，进修学问之工具。

（三）用具，日常生活之用具。

（四）工具，手脑双挥之工具。

儿童节，是觉悟的大人为全体儿童争取幸福的节日。我们不但是要为儿童争取一日之快乐，而且要为儿童争取长期之幸福。至少从今年儿童节起，要为不幸的儿童争取一年之学习材料，假使每一个学校或团体为其附近之不幸儿童，发动这样一种运动，使他们在儿童节能过一天快乐而有意义的生活，并得到一年之长进之资料，总是有益处的。但是要知道民主的儿童节之先决条件，是政治经济的民主。倘使政治经济不民主，小孩子的幸福是必然限于很少数的少爷小姐，但是如果政治经济一民主，那自由必定是立刻飞到他所关心的最不幸的小孩子当中，而把他们抱在温暖的怀抱。故真正爱护小孩子的朋友，必须是民主的战士，让我们促成民主的政治经济，以实现民主的儿童节。

—1945 年 4 月 4 日重庆《新华日报》儿童节特刊

小学教师与民主运动

我这次到上海，在一个小宴会上，听了几句令人深思的话。我的朋友说：抗战八年来，五位教师之中，有一位逃难去了，一位做生意去了，一位变节了，一位死了，只剩了一位仍旧还在这里做教师，我们是多么寂寞啊！我说剩下的这一位，头上裹着裹头布，嘴上是上了封条，肚子是饿凶了，被迫得只有干腌菜喂后一代。我们接着谈论胜利后的他们：逃难的难得回乡；做生意的倒胜利霉；变节的无法戴罪立功；死者不可复生；站在岗位上的，头上的裹头布仍旧裹着，嘴上的封条仍旧封得很紧，肚子饿得更凶了，除了干腌菜，还没有别的精神食粮给学生吃。这谈话指示我们，如果我们要为民主奋斗，我们得加强自己，改变自己，武装自己，而且要为教育招兵，为民主募马。

首先我们自己需要再教育，再受民主教育。中华民国虽然成立了三十五年，我们只上了很少的民主功课。细算起来，民国初立的几个月，推翻袁世凯的几个月，五四运动后的一两年，推翻复辟后的几个月，五卅惨案以及北伐前后的一二年，“一二·九”到抗战开始后一年，算是断断续续地上了几课。但是一曝一寒，胜不过二千年传下来的专制毒，和这十余年来的有系统的、反民主的、变相的法西斯蒂训政。特别是我们做教师的人，需要再教育来肃清一切不民主，甚至反民主的习惯与态度，并且积极的树立真正的民主作风。校长对于我们，我们对于学生，多少都存在着一些要不得的独裁作风。中国现在，自主席以至于校长，教师，有意无意的，难免是一个独裁，因为大家都是在专制的气氛中长大，为独裁作风所熏陶，没有学习过民主作风。我们所要学习的民主作风，至少应该包含这些：

（一）民为贵，人民第一，一切为人民。

（二）天下为公，文化为公，不存心包办或征为私有。

（三）虚心学习，集思广益，以建立自己的主张。

（四）自己要说话，也让别人说话，最好是大家商量。自己要做事，也让别人做事，最好是大家合作。自己要吃饭，也让别人吃饭，最好是大家有饭吃。自己要安全，也让别人安全，最好是大家平安。自己要长进，也让别人长进，最好是大家共同长进。

（五）民主未得到之前，联合起来以争取民主为己任；人民基本自由得到之后，依据民主原则共同创造，创造新自己，创造新家庭、新学校、新中国、新世界。

这是一种全新的生活方式，我们必须天天在实际的生活中学习，学习再学习，才能习惯成自然，造成民主的作风。

个人学习不如集体学习，偶尔学习不如经常学习。为着进行经常的集体学习，最好是联合起来组织社会大学、星期研究会以实施共同之进修。这些新的学习组织，在重庆已经施行有效，应该在各地举办起来，以应好学的教师与好学的青年的需要。孔子说："学而不厌，诲人不倦。”我看这两句话有因果的关系。惟其学而不厌才能诲人不倦；如果天天卖旧货，索然无味，要想教师生活不感觉到疲倦是很困难了。所以我们做教师的人，必须天天学习，天天进行再教育，才能有教学之乐而无教学之苦。自己在民主作风上精进不已，才能以身作则，宏收教化流行之效。我们在民主作风之外，要学习的东西很多，应该按着自己的兴趣、才能和工作岗位的需要继续不断的学习，活到老，学到老。但是最重要的不能忘了社会科学。每一位现代的教师，必须把基本的政治问题、经济问题、世界大势、社会的历史的发展和正确思想方法弄清楚，最好是要参加教师进修的组织，如社会大学、星期研究会，凭着集体的力量督促自己长进。在没有社会大学或星期研究会的地方，小学教师们应该主动发起创办。这是如同吃饭一样的急不容缓，不可等待。

我们进行自我再教育，不能没有先生，我们要三顾茅庐请出第一流的教授来帮助我们进行各项学习。第一流的教授具有两种要素：一、有真知灼见；二、肯说真话，敢驳假话，不说诳话。我们必须拿着这两个尺度来衡量我们的先生。合于此者是吾师，立志求之，终身敬之。

在各位大师之中，我要介绍两位最伟大的老师。

一位就是老百姓。我们要跟老百姓学习，学习人民的语言，人民的情感，人民的美德。努力发现老百姓的问题、困苦和他们心中所希望达到的目的，并认识他们就是中华民国真正的主人，要他们告诉我们怎样为他们服务才算满意。我愿把我写的一首小诗献给每一位小学教师，共同勉励：

民之所好好之。民之所恶恶之。教人民进步者，拜人民为老师。

还有一位最伟大的先生要介绍，那就是小孩子——我们所教的小学生。我们要跟小孩子学习，不愿向小孩学习的人，不配做小孩的先生。一个人不懂小孩的心理、小孩的问题、小孩的困难、小孩的愿望、小孩的脾气，如何能教小孩？如何能知道小孩的力量？而让他们发挥出小小的创造力？

唯独肯拜人民与小孩为老师的人，才能把自己造成民主的教师，也只有肯拜人民与小孩为老师的，那民主作风才自然而然的获得了。

其次，就是运用民主作风教学生，并与同事共同过民主生活，以造成民主的学校。教育方法要采用自动的方法，启发的方法，手脑并用的方法，教学做合一的方法，并且要使学生注重全面教育以克服片面教育；注重养成终身好学之习惯以克服短命教育。在现状下，尤须进行六大解放，把学习的基本自由还给学生：一、解放他的头脑，使他能想；二、解放他的双手，使他能干；三、解放他的眼睛，使他能看；四、解放他的嘴，使他能谈；五、解放他的空间，使他能到大自然大社会里去取得更丰富的学问；六、解放他的时间，不把他的功课表填满，不逼迫他赶考，不和家长联合起来在功课上夹攻，要给他一些空闲时间消化所学，并且学一点他自己渴望要学的学问，干一点他自己高兴干的事情。还要把工友当作平等的人和他们平等合作。只有校长、教师、学生、工友团结起来共同努力，才能造成一个民主的学校。

再其次，要教学生为民主的小先生。我们不能把小孩单单当作学生教。最重要的教育是“给的教育”，教小孩拿出小小的力量来为社会服务。人生以服务为目的，不是毕业后才服务。在校时，就要在服务上学习服务。学生最好的服务是做小先生，拿学得的知识教给人。中华民国是一个公司，四万万五千万人联合起来做老板。男人是男老板，女人是女老板，大人是大老板，小孩是小老板。大家都是中华民国的老板，大家都是中华民国的主人。拿这种浅显而重要的意思由学生一面学，一面教给不能进学校的老百姓，他们变成了民主的小先生。一位先生教四十位学生，照老法子，他只是四十个学生的先生。如今把这四十个学生变成小先生，每位小先生平均帮助五个人，便能帮助二百人，连原来的四十人，便是一位二百四十人的先生，力量与贡献大得多了。这样，学校变成了发电机，学生变成了四十根电线，通到每一个家庭里去，使四十家，乃至二百四十家都发出民主的光辉来，这不能算是小学教师的重要任务吗？

再其次，要教民众自己成为民主的干部。小学教师应该是民主的酵母，使凡与他接触的人都发起酵来，发起民主的酵来。农人、工人、商人、军人、官吏、学生家属，只要一接触便或多或少，起一点变化，顶少要对民主运动减少一点阻碍，顶好是一经提醒便成了民主的斗士，乃至成为民主的干部，大家起来创造一个名副其实的中华民国。去年中秋，当我亲眼在四川看见一位老农拿出那插在腰背后的旱烟管来，指挥他的七位学生，一连合唱了八个歌曲，我好像是看见了新中国的前途。这样可贵的，从人民中产生出来的民主干部，将来是要几十万几百万的产生出来。发现他们，培养他们，是小学教师不可放弃的天职。

最后，争取民主以保障生存权利与教学自由。《小学教师值得几文钱？》是我这次到上海来看见从前乃英先生写的一首感动人的歌曲：

“小学教师值几钱？五元钱一天。教一天，算一天。请假一天扣工钱。不管你喊哑喉咙，不管你绞尽脑汁，不管你坐弯背腰，不管你饿凶肚皮，预支不可以。小学教师值几钱？要求提高待遇，还没有这种福气。”

这首歌的末一句，我提议修改为“争民主奋斗到底”。提高待遇，只有民主才有保障。现在的尊师运动，必须包含争取民主，才能将一时救急的办法，变成经常安定的办法。如不争取民主，使真正的民主政治、民主经济、民主文化全盘兑现，我们必定是一辈子陷在“吃不饱来饿不死”的地狱里。所以为着提高生活待遇，我们必须参加在整个国家的民主斗争里面去，实现天下为公，有我们自己的一份在内。

教师的职务是“千教万教，教人求真”。学生的职务是“千学万学，学做真人”。这教人求真和学做真人的教学自由，也只有真正的民主实现了才有可能。在不民主的政治下，说真话做真事的人是会打破饭碗，关进集中营，甚至于失掉生命。因此这教学自由，也是要在整个的人民基本自由中全盘解决。让我们和人民站在一条战线上，争取真正民主的实现。共同创造一个独立、自由、平等、进步、幸福的新中国。

——1946 年 5 月 10 日《教师生活》第 4 期

社会大学颂

青天是我们的圆顶，
大地是我们的地板。
太阳月亮是我们的读书灯，
二十八宿是我们的围墙。
人民创造大社会，
社会变成大学堂。
大学之道，在明民德，在亲民，在止于人民之幸福，
是我们创造之新主张。
什么是民德?
要目有四项：
觉悟，联合，解放，
还有创造——要捣碎痛苦的地狱，
创造人间的天堂。
教人民做主人，不让公仆造反。
为老百姓服务，
不靠高调唱得响。

农场，工场，会场，商场，广场，战场，娱乐场，
都是我们数不尽的课堂。
我们要各尽所能，各学所需，各教所知，各得其所。
我们要自由，自动，自强。
我们要民有，民治，民享。
自己来发起，
自己来筹款。
自己选校董，
自己选校长。
请真理做老师，
学生有三百六十行。
只要虚心学，
而且不间断，
乡人不出村，
能知万里远。
个个考博士，
行行出状元。
农人可以中状元，
工人可以中状元，
失学的青年可以中状元，
荣誉军人可以中状元。
先办夜大学，
夜间失学无人管。

职业青年千千万，
格物致知久已旷，
万仞宫墙飞不进，
教育制度缺一环。
要想深造丢饭碗，
丢了饭碗家人靠谁养！
只有白天做工夜求学，
肚皮头脑都饱满。
次办函授大学，
文化交流信来往。
再办新闻大学，
运用报纸助座谈，
再办电播大学，
广播教育范围广。
太太和老妈，
在家里也能听讲。
电影教育更深刻：
谷子变成秧，
秧又变谷子，
可以见生长。
原料出矿山，
走进机器房，
几个弯一转，

飞机出工厂。

最后办旅行大学，

走遍东南西北和中央。

还要渡海漂洋。

跟老百姓学习，

陪着老百姓向前向上长。

我们要有演讲调查队，

还要歌舞话剧团：

献演《啷格办》

《朱大嫂送鸡蛋》

《王大娘补缸》，

还带去民族舞，

来自新疆、蒙古和西藏。

还要带电影，

到处要放映：

鸡蛋怎样变小鸡？

大羊怎样生小羊？

五谷怎样生长？

棉花怎样改良？

汽车怎样制造？

钢铁怎样出产？

还要放映《生路》《一曲难忘》

《在敌人后方》。

我们要走遍天涯海角，
让老老少少男男女女都来看，
都来谈，
都来玩，
都来想，
都来干，
把中国造成一个好模样，
叫整个民族安居乐业，
万寿无疆。
这就是我们的社会大学堂。
只怕先生少，
不怕学生旺。
来一个，收一个，
来两个，收一双，
来一千，收一千，
来一万，收一万。
全中国四万万五千万，
全世界二十万万二千万，
如果愿意这样干，
都欢迎加入这个大学堂。
国民党，
共产党，
中国民主同盟，

各派各党，

无派无党，

大家一起来，

创办这个社会大学堂，

人民大学堂，

民主世界大学堂！

——1946 年 2 月 1 日《民主教育》第 1 卷第 4 期

社会大学运动

社会大学有两种：一是有形的社会大学；二是无形的社会大学。社会大学运动是要把有形的社会大学普及出去，并且要给无形的社会大学一个正式的承认，使每一个人都承认这无形的社会大学之存在，随时随地随事进行学习。

无形的社会大学，是只有社会而没有“大学”之名。它是以青天为顶，大地为底，二十八宿为围墙，人类都是同学，依“会的教人，不会的跟人学”之原则说来，人类都是先生，而且都是学生。新世界之创造，是我们的主要的功课。无形的社会大学，虽无社会大学之名，实实在在它是一个最伟大的大学，最自由的大学，最合乎穷人需要的大学。我们穷人一无所有，有则只有这样一个社会大学。这无形的社会大学既然是我们的，我们就应该承认它，认识它，把它当作我们自己的宝贝，运用它来教育我们自己，使自己和同伴近邻养成好学的习惯，活到老，学到老，进步到老。把这个意思打进每一个人的心里，是社会大学运动的第一个任务。

当黄齐生先生参加中华职业教育社的一个会议的时候，他在名单上列为第一名。有些青年干部不服气质问主席说，黄先生是哪个大学毕业的？江问渔先生回答："黄先生是社会大学毕业生。"大家才没有话说。江先生所说的社会大学，便是我所指的无形的社会大学。黄齐生先生既因这无形的社会大学而有所成就，让我们大家都紧紧的把握着这个大学来进行学习，追求真理，以为老百姓服务。

有形的社会大学是夜大学、早晨大学、函授大学、新闻大学、旅行大学、电播大学。

重庆开办的社会大学，是夜大学，纯粹由职业青年自动创办的。有些地方的职业青年，早晨要到九点钟才上工。早晨可以进行二三小时的学习，便可以开办早晨大学，以应这种青年之需要。

可能进夜大学、早晨大学的青年，依我估计中国足足有四百万人。每年高中毕业生有十一万人，能考取正式大学者只有一万多人，那么每年就有九万多人不得其门而入。人生从十六岁到四十岁，至少应该努力学习。这样算来便有二百十六万人，除去死亡害病十六万，应有二百万高中毕业生，要求社会大学予以进修的机会。

此外还有大学一年级、二年级、三年级删下来，而不得不找工作养活自己的青年。还有受过大学四年级教育的人，而觉得时代已经变动需要再学习。还有大群的自学青年，倘使得到社会大学的便利，进步可能更为迅速。只要能听讲而又能记笔记，便有入学资格。这样估计起来，至少再加二百万人，因此，我估计中国全国有四百万职业青年需要社会大学帮助他们进修，我们应该在全国展开社会大学运动，在各大都市建立夜大学、早晨大学，来应济这广大的需要。正统大学能附设夜大学、早晨大学固然可以，但是单独设立尤有必要。它可以由职业青年、进步学者或热心社会人士分头或合力发起组织。一切要简而易行，不要让自己的幻想、野心把办法弄得太困难，而阻碍了发展与普及。普及与发展夜大学、早晨大学，是社会大学运动的第二个任务。

至于函授大学、电播大学，是要集中的办。旅行大学，包括海陆空三方面。新闻大学，是以好报为中心，辅以好杂志，并助以经常的座谈会。把这几种事业有效的办起来，是社会大学运动的第三个任务。

社会大学，无论有形的无形的，要有一个共同的大学之道。孔子的大学之道是：在明明德，在新民，在止于至善。现在时代不同了，我们提议修改几个字，成为："大学之道：在明民德，在亲民，在止于人民之幸福。"

社会大学之道，首先要明白人民的大德。人民的大德有四：（一）是觉悟。人民要觉悟中华民国是一个大公司，个个国民都是老板：男的是男老板，女的是女老板，大人是大老板，小孩是小老板。（二）是联合。做老板要有力量，力量从联合而来。不联合没有力量，凶恶的伙计是不会理睬我们的！所以要联合，四万万五千万人要联合起来做老板才行。（三）是解放。有了力量便需进行解放。我们要联合起来在进行解放的斗争中增长我们的力量。我们要学习争取六大解放：（1）头脑解放；（2）双手解放；（3）眼睛解放；（4）嘴解放；（5）空间解放；（6）时间解放。（四）是创造。解放出来的力量要好好的用，用在创造上，创造新自己，创造新中国，创造新世界。

社会大学之道，要亲近老百姓。我们认为亲民的道理，比新民的道理来得切实。我们要钻进老百姓的队伍里去和老百姓亲近，变成老百姓的亲人，并且要做到老百姓承认我们的确是他们的亲人。

社会大学之道，是要为人民造幸福。一切的学问，都要努力向着人民的幸福瞄准。所谓人民的幸福，用老百姓自己的话说便是福禄寿喜。照着人民所愿望的福禄寿喜四大幸福进行，我们的学习才于人民有益，才配称为社会大学。也只有社会大学与人民幸福打成一片，而后社会大学运动才为人人应该参加的富有意义的大运动。

——1946 年 7 月 16 日《教师生活》第 6 期

给育才学校师生的最后一封信

绿芷、博禹、意林、微林、公泽、永扬、冷云、蒋路、启刚、上能、再为、彭松、百令、淑怡诸位同志：

七月十三日的信刚才收到，至为感谢。下关事件发生后，也接到你们慰问的信，大家，尤其是我，从这些信里，得到了无上的鼓励，使我知道我努力的方向没有错，也不是孤军奋斗。从重庆来的报告都使我兴奋。由于各位同志、同学、工友的集体合作，育才是比我在渝时办得精神好，我在此向大家致敬。

公朴去了，昨今两天有两方面的朋友向我报告不好的消息。如果消息确实，我会很快地结束我的生命。深信我的生命的结束不会是育才和生活教育社之结束。我提议为民主死了一个就要加紧感召一万个人来顶补，这样死了一百个就是一百万人，死了一千个就有一千万个人。死了一万个就有一万万人肯得为民主牺牲，而中华民族才活得下去。此地我们现在第一要事，是感召一万位民主战士来补偿李公朴之不可补偿之损失，只有这样才是真正的追悼。平时要以“仁者不忧，智者不惑，勇者不惧，达者不恋”的精神培养学生和我们自己。有事则以“富贵不能淫，贫贱不能移，威武不能屈，美人不能动”相勉励。前几天，女青年会在沪江大学约我演讲《新中国之新教育》，我提出五项修养：一为博爱而学习，二为独立而学习，三为民主而学习，四为和平而学习，五为科学创造而学习。这些也希望大家共勉并指教。

我这封信是写给全体的。只因为诸位写了信给我，也就是同时给了诸位的回信。肖生、竹因以及其他没有写信的朋友，都希望使他们知道这信的内容，麻烦之处，容当后谢。

敬颂

康健！

陶行知

1946年7月16日

——1946年7月27日《新华日报》

生利主义之职业教育

自本社标解决生计问题为进行之方针，一般学者，往往以文害辞，以辞害意，误会提倡者之本旨。推其原因，多由于不明生计二字之界说所致。惟其不明乎此，故或广之而训作生活，或狭之而训作衣食；训至彼一是非，此一是非，议论纷纭，莫衷一是。不徒反对者得所借口，即办学者亦无所适从。其隐为职业教育前途之障碍，良非浅鲜，孔子曰："名不正则言不顺；言不顺则事不成。"故欲职业教育之卓著成效，必自确定一正当之主义始。

夫职业教育之成效既有赖于正当之主义，则问何谓正当之主义，生活乎？衣食乎？抑生活衣食之外别有正当之主义乎？

生活主义包含万状，凡人生一切所需皆属之。其范围之广，实与教育等。有关于职业之生活，即有关于职业之教育；有关于消闲之生活，即有关于消闲之教育；有关于社交之生活，即有关于社交之教育；有关于天然界之生活，即有关于天然界之教育。人之生活四，职业其一；人之教育四，职业教育其一。故生活为全体，职业为部分；教育为全体，职业教育为部分。以教育全体之生活目的视为职业教育之特别目的，则职业教育之目的何以示别于教育全体之目的，又何以示别于他种教育之目的乎？故生活之不能为职业教育独专之主义者，以其泛也。

生活主义固不适于职业教育之采用矣。衣食主义则何如？大凡衣食之来源有四：职业、祖遗、乞丐、盗窃是也。职业教育若以衣食为主义，彼之习赖子、乞丐、盗窃者，不亦同具一主义乎？而彼养成赖子、乞丐、盗窃者，亦得自命为职业教育家乎？此衣食主义之不适于职业教育者一也。不宁惟是，职业教育苟以衣食为主义，则衣食充足者不必他求，可以不受职业教育矣。此衣食主义之不适于职业教育者二也。且以衣食主义为职业教育之正的，则一切计划将趋于温饱之一途。此犹施舍也。夫邑号朝歌，墨翟回车；里名胜母，曾子不入。学校以施舍为主旨，则束身自好者行将见而却步矣。此衣食主义之不适于职业教育者三也。凡主义之作用，所以指导进行之方法。若标一主义不能作方法之指针，则奚以贵？故衣食之可否为职业教育之主义，亦视其有无补助于职业方法之规定耳。夫学校必有师资，吾辈选择职业教员，能以衣食为其资格乎？学校必有设备，吾人布置职业教具，能以衣食为其标准乎？又试问职业学校收录学生，可否以衣食为去取？支配课程，可否以衣食为根据？衣食主义之于职业教育方法，实无丝毫之指导性质。有之，则吾不知也。衣食既不能为职业教育方法施行之指导，则其不宜为职业教育之主义，又明矣。此衣食主义之不适于职业教育者四也。不特此也，吾人作事之目的，有内外之分。衣食者，事外之目的也；乐业者，事内之目的也。足衣足食而不乐于业，则事外虽无冻馁之虞，事内不免劳碌之患。彼持衣食以为职业教育主义者，是忽乐业之道也。此衣食主义之不适于职业教育者五也。且职业教育苟以衣食主义相号召，则教师为衣食教，学生为衣食学，无声无臭之中隐然养成一副自私之精神。美国人士视职业教育与学赚钱（learning to earn）为一途，有识者如杜威（Dewey）先生辈，咸以其近于自私，尝为词辟之。吾国当兹民生穷蹙之际，国人已以衣食为口头禅，兴学者又从而助长其焰，吾深惧国人自私之念，将一发难餍矣。此衣食主义之不适于职业教育者六也。是故衣食主义为众弊之渊薮，欲职业教育之有利无弊，非革除衣食主义不为功。

衣食主义既多弊窦，生活主义又太宽泛，二者皆不适用于职业教育，然则果应以何者为正当之主义乎？曰，职业作用之所在，即职业教育主义之所在。职业以生利为作用，故职业教育应以生利为主义。生利有二种：一曰生有利之物，如农产谷，工制器是；二曰生有利之事，如商通有无，医生治病是。前者以物利群，后者以事利群，生产虽有事物之不同，然其有利于群则一。故凡生利之人，皆谓之职业界中人；不能生利之人，皆不得谓之职业界中人。凡养成生利人物之教育，皆得谓之职业教育；凡不能养成生利人物之教育，皆不得谓之职业教育。生利主义既限于职业之作用，自是职业教育之特别目的，非复如生活主义之宽泛矣，此其一。以生利主义比较衣食主义尤无弊窦之可指，故以生利主义为准绳，则不能生利之赖子、乞丐、盗窃与养成之者，皆摈于职业教育之外矣，此其二。学校既以生利为主义，则足于衣食而不能生利者无所施其遁避，此其三。父母莫不欲其子女之能生利，职业教育苟以生利为主义，自能免于施舍之性质，自好者方将督促子女入学之不暇，又何暇反加阻力乎？

此其四。职业既以生利为作用，吾人果采用生利主义以办职业教育，则生利之方法，即可为职业教育方法之指针，此其五。职业教育既以养成生利人物为主义，则其注重之点在生利时之各种手续，势必使人人于生利之时能安乐其业，故无劳碌之弊，此其六。生利主义侧重发舒内力以应群需，所呈现象正与衣食主义相反。生产一事一物时，必自审曰："吾能生产乎？吾所生产之事物于群有利乎？"教师学生于不知不觉中自具一种利群之精神，此其七。不特此也，能生利之人即能得生活上一部分之幸福，而一衣一食亦自能措置裕如。不能生利之人，则虽有安富尊荣亦难长守。故惟患不能生利，不患不得生活之幸福与温饱。然则生利主义既无生活主义之宽泛，复无衣食主义之丛弊，又几兼二者之益而有之，岂非职业教育之正当主义乎？

生利主义之职业师资

职业教育既以养成生利人物为其主要之目的，则其直接教授职业之师资，自必以能生利之人为限。盖己立而后能立人，己达而后能达人，天下未有无生利经验之人而能教育人生利者。昔樊迟请学稼，子曰："吾不如老农。"请学为圃，曰："吾不如老圃。"孔子岂故为拒绝哉？亦以业有专精，事有专习，孔子之不知农圃，亦犹老农老圃之不知六艺耳。由是以推，无治病之经验者，不可以教医。无贸易之经验者，不可以教商。凡百职业，莫不皆然。故职业教师之第一要事，即在生利之经验。无生利之经验，则以书生教书生，虽冒职业教师之名，非吾之所谓职业教师也。

然职业教师不徒负养成生利人物之责，且负有改良所产事物之责。欲求事物之改良，则非于经验之外别具生利之学识不可。无学识以为经验之指导，则势必故步自封，不求进取。吾国农业，数千年来所以少改良者，亦以徒有经验而无学识以操纵之耳。故职业教师之第二要事，是为生利之学识。

兼有生利之经验、学识，尚不足以尽职业教师之能事。盖教授生利之法，随业而异。有宜先理想而后实习者，有宜先实习而后理想者，有宜理想、实习同时并进者。为职业教师者自宜熟悉学者之心理，教材之性质，使所教所学皆能浃洽生利之方法，而奏事半功倍之效。故职业教师之第三要事，为生利之教授法。

准如前说，则健全之职业教师，自必以经验、学术、教法三者皆具为标准。三者不可得兼，则宁舍教法、学术而取经验。盖无学术、教法而有经验，则教师尚不失为生利之人物，纵无进取良法，然学生自能仪型教师所为，以生产事物。既能生产事物，即不失职业教育之本旨。如无经验，则教授法无由精密，纵学术高尚，断不能教学生之生利。既不能生利，则失职业教育之本旨矣。是故经验学术教法三者皆为职业教师所必具之要事，然三者之中，经验尤为根本焉。

职业教师既以生利经验为根本之资格，则养成职业师资自当取材于职业界之杰出者。彼自职业中来，既富有经验，又安于其事，再加以学术教法，当可蔚为良材，概之收录普通学子，为事当较易，收效亦当较良且速也。

职业教师既以生利之经验、学术、教法三者为资格，则如何养成此种教师之方法，亦在吾人必须研究之列。大概养成职业师资之法有三：（一）收录普通学子教以经验学术与教法；（二）收录职业界之杰出人物教以学术与教法；（三）延聘专门学问家与职业中之有经验者同室试教，使其互相砥砺补益，蔚为职业教师。夫经验所需之多少，随职业而异；其需经验较少之职业，利用第一法。如普通师范学校之教师有二三年之经验者，即可作教授之基础，故收录普通学子而养成之，为事甚易。其次，则商业学校教员，似亦可以利用此法。但农工等职业之教师，性质迥异，非富有经验，不足以教生利。舍难就易，似不如采用第二法，精选职业界之杰出者养成之。彼既从职业中来，自必有相当之经验，再教以实用之学术教法，为事自顺。然此法效力之大小，常视国中教育普及之程度为差。其在欧美教育普及之邦，职业中人，大半受过八年之公共教育，既有普通知能以植其基，则于学术、教法自易领悟。中国则不然，教育未普及，农工多数不识文字；既不识文字，则欲授以学术教法，自有种种困难。然而职业界之杰出者，终不乏粗识文字之人。当事者苟能精选而罗致之，则有用之职业师资，或能济济而出也。此外则有延聘学问家与经验家同室试教一法。当今职业师资缺乏，为其备选者或有学术而无经验，或有经验而无学术，速成之计，莫如合学问家与经验家于一炉而共冶之；既可使之共同试教，又可使之互相补益，则今日之偏材，经数年磨练之后，或能蔚成相当之师资，岂非一举两得哉？然一班二师，所费实巨，况学术、经验贵能合一，若分附二人之身，终难免于隔膜。故此计虽有优点，不过为过渡时代权宜之策耳。总之，职业教师最重生利之经验，则养成之法，自宜提其要领，因已有之经验而增长之，方能事半功倍也。

生利主义之职业设备

孔子曰："工欲善其事，必先利其器。"无利器而能善其事者，吾未之前闻。职业教育又何独不然？必先有种种设备，以应所攻各业之需求，然后师生乃能从事于生利；否则虽有良师贤弟子，奈巧妇不能为无米之炊何！故无农器不可以教农，无工器不可以教工。医家之教必赖刀圭。画家之教必赖丹青。易言之，有生利之设备，方可以教职业；无生利之设备，则不可以教职业。然职业学校之生利设备可分二种：一、自有之设备；二、利用职业界之设备。但无论设备之为己有，为利用，学生教师莫不可因以生利。故设备虽有己有利用之分，而同为学生教师生利之资则一。余尝游美之麻撒朱赛州（Massachusetts），视其乡村中学校附设之农业科，多利用学生家中之田园设备，使各生在家实习，命之曰家课（Home Projects）。教员则自御汽车，循环视察，当场施教。农隙则令学生来校习通用之学术。故校中自有之设备，除课堂点缀以外，实属寥寥无几；校外则凡学生足迹所至，皆其所利用之设备。论其成效则不特设备之经费可省，而各家之农业皆借学生而间接改良之。此盖利用他人生利设备以施职业教育之彰明较著者也。

生利主义之职业课程

职业学校之课程应以一事之始终为一课。例如种豆，则种豆始终一切应行之手续为一课。每课有学理，有实习，二者联络无间，然后完一课，即成一事。成一事再学一事，是谓升课。自易至难，从简入繁。所定诸课，皆以次学毕，是谓毕课。定课程者必使每课为一生利单位，俾学生毕一课，即生一利；毕百课则生百利，然后方无愧于职业之课程。职业课程既以生利为主，则不得不按事施教，欲按事施教，则不得不采用小班制。故欧美之职业实习班至多不满十五人，凡以便生利课程之教授也。不特每课为然，即各课之联络亦莫不以充分生利为枢机。客有学蚕桑者，学成执蚕桑业，终岁生利之期两三月而已，余则闲居坐食，不数年而家计渐困，卒改他业。此能生利而不能充分生利之过也。故职业课程之配置，须以充分生利为标准，事之可附者附教之，事之可兼者兼教之。正业之外，苟能兼附相当之业，则年无废月，月无废日，日无废时矣。此之谓充分之生利。根据此旨以联络各课，是为充分生利之课程。

生利主义之职业学生

有生利之师资、设备、课程，遂足以尽职业教育之能事乎？曰，未也。学生择事不慎，则在校之时，学不能专；出校之后，行非所学。其弊也：学农者不归农；学商者不归商。吾国实业教育之所以鲜成效，固由于师资设备课程之不宜于生利，然其学生择业之法之不当，亦其一因也。大凡选择职业科目之标准，不在适与不适，而在最适与非最适。所谓最适者有二：一曰才能；二曰兴味。吾人对于一业，才能、兴味皆最高，则此业为最适；因其最适而选之，则才能足以成事，兴味足以乐业，将见学当其性，用当其学，群与我皆食无穷之益矣。故能选最适之业而学者，生大利不难，岂仅生利已哉！择业不当，则虽居学习生利之名，而究其将来之生利与否，仍未可必。故欲求学业者归业，必先有精选职业之方法。方法维何？曰，职业试习科是也。职业试习科包含农工商及其他业之要事于一课程，凡学生皆使躬亲历试之。试习时期可随遇伸缩，多至半载，少至数星期皆可。但试习之种种情形，必与真职业无异，始可试验学生之真才能真兴味。一参假面具则试验科之本旨失矣。试习之后，诸生于各业之大概既已备尝，再择其最有才能最有兴味之一科专习之。彼其选择既根本于才能兴味，则学而安焉，行而乐焉，其生利之器量，安有不大者哉？

结论

职业学校有生利之师资、设备、课程，则教之事备；学生有最适之生利才能兴味，则学之事备。前者足以教生利，后者足以学生利。教与学咸得其宜，则国家造就一生利人物，即得一生利人物之用，将见国无游民，民无废才，群需可济，个性可舒；然后辅以相当分利之法，则富可均而民自足矣。故职业教育之主义在是，职业教育之责任在是，余之希望于教育家之采择试行者亦莫不在是。谨贡一得，聊献刍荛，幸垂教焉。

——原载 1918 年 1 月 3 日《教育与职业》第 1 卷第 3 期

南京安徽公学办学旨趣

南京在前清为两江之都会，和安徽有密切的历史关系，就地理说，又和安徽十分接近。中国兴学以来，南京即为全国教育中心之一，安徽的学者和学生来此传道受业的，素来很多。前清即有上江公学之设，民国成立后，因故停办，殊为憾事。“五四”以后，安徽学潮屡起，学生不能安心肄业，投到南京求学的，源源不绝。但南京学校格于种种限制，有志有才的学生不免向隅。安徽旅宁同乡会和旅宁同学会，看此景况，深表同情，就联合起来共谋上江公学之恢复，于十二年秋季开学，改名为南京安徽公学。所以安徽公学的设立，是迫于一种不能自已的同情心。因为安徽旅宁前一辈的人，对于后一辈的少年，发生了一种学问上的同情心，才有安徽公学的产生。

有了这种同情的基础，所以我们最注重师生接近，最注重以人教人，教职员和学生愿意共生活，共甘苦。要学生做的事，教职员躬亲共做；要学生学的知识，教职员躬亲共学；要学生守的规则，教职员躬亲共守。我们深信这种共学，共事，共修养的方法，是真正的教育。师生有了共甘苦的生活，就能渐渐的发生相亲相爱的关系，教师对学生，学生对教师，教师对教师，学生对学生，精神都要融洽，都要知无不言，言无不尽。一校之中，人与人的隔阂完全打通，才算是真正的精神交通，才算是真正的人格教育。

在共同生活中，教师必须力求长进。好的学生在学问和修养上，每每欢喜和教师赛跑。后生可畏，正是此意。我们极愿意学生能有一天跑在我们前头，这是我们对于后辈应有之希望。学术的进化在此。但我们确不能懈怠，不能放松，一定要鞭策自己努力跑在学生前头引导学生，这是我们应有的责任。师道之可敬在此。所以我们要一面教，一面学。我们要虚心尽量接受选择与本职本科及修养有关系之学术经验来帮助我们研究。要教学生向前进，向上进，非自己努力向前进向上进不可。

安徽公学是个贫穷的学校。办贫穷的学校如同管贫穷的家务一样。用一文钱，必问："这文钱该用吗？"费一分光阴，必问："这一分光阴该费吗？"光阴与钱都有限，该用才用，不该用必不用。用必尽其效。爱惜光阴，就是不为无益害有益。将无益的时间腾出，则从事有益的时间有余裕了。然后学生可从容问学，怡然修养，既不匆忙劳碌，那身心也就自然渐渐的有润泽了。节省经费，不是因陋就简，乃是移无用为有用。我们既不甘于简陋，来源又不易开，要想收相当的效果，自非革除浪费不为功。用最少的经费，办理相当的教育，是我们很想彻底努力的一个小试验。

现今办学的人，每存新旧宽严之见，我们只问是非好坏，不问新旧宽严。是的，好的，虽旧必存。非的，坏的，虽新必除。应宽则宽，应严则严，随时随地随人而施教育，初无丝毫之成见。我们承认欲望的力量：我不应放纵它们，也不应闭塞它们。我们不应让它们陷溺，也不应让它们枯槁。欲望有遂达的必要，也有整理的必要。如何可以使学生的欲望在群己相益的途径上行走，是我们最关心的一个问题。总之，必使学生得学之乐而耐学之苦，才是正轨。若一任学生趋乐避苦，这是哄骗小孩子的糖果子，绝不是造就人才的教育。

最后我们要谈谈我们心中所共悬而借以引导我们进行的目标。一、我们都是学生。教师的一部分生活也是学生，就要负学问的责任。做学问最忌的是玄想，武断，尽信书，以差不多自足，以一家言自封。我们要极力地锻炼学生，使他们得到观察，知疑，假设，试验，实证，推想，会通，分析，正确种种能力和态度，去探求真理的泉源，简单些说，我们研究学问，要有科学的精神。二、我们是物质环境当中的人。我们对于四周的环境，最忌是苟安，同流合污，听天由命，不了了之。有进取心的人，对于环境总想加以改造。但是驱着乌合之众，叫嚣乱斫，何能算得改造呢？我们应当秉着美术的精神，去运用科学发明的结果，来支配环境，使它们现出和谐的气象，我们要有欣赏性的改造，不要有恐怖性鬼脸式的改造。换句话说，我们改造环境，要有美术的精神。三、我们不但是物质环境当中的人，并且是人中人。做人中人的道理很多，最要紧的是要有富贵不能淫，贫贱不能移，威武不能屈的精神。这种精神，必须有独立的意志，独立的思想，独立的生计，和耐劳的筋骨，耐饿的体肤，耐困乏的身，去做那摇不动的基础，近今国人气节，消磨殆尽，最堪痛心。倘不赶早在本身和后辈身上培植一种不可屈挠的精神，将何以为国呢？至于今日少数具有刚性的领袖，又因缺少容量，自取失败，并以此断丧国家的元气，至为可惜，那么，推己及人的恕道，和大公无私的容量，也是做人中人的最重要的精神。把这几种精神合起来，我们找不到一个更好的名词，就称它为大丈夫的精神。我们处世应变，要有大丈夫的精神。

科学的精神，美术的精神，大丈夫的精神，都不是凭空所能得来的。我们要在“必有事焉”上下手。我们要以事为我们活动的中心。研究学问要以事为中心；改造环境要以事为中心；处世应变也要以事为中心。我们要用科学的精神在事上去求学问，用美术的精神在事上去谋改造，用大丈夫的精神在事上去锻炼应变。我们愿意一同努力朝这三个目标行走，活一天，走一天，活到老，走到老。

半周岁的燕子矶国民学校

——一个用钱少的活学校

燕子矶国民学校的官名叫作北固乡区立第一国民学校，设在南京燕子矶，离神策门约有十三里的路程，这个学校已经开了好多年，但它的新生命的起点是在今年正月。那时丁超调任这校校长，从事改造，为它开一新纪元。我们说它为半周岁就是为这个新纪元说的，我参观这个学校是和乡村教育研究员，东南大学乡村教育教授赵叔愚先生同去的。我们走进这个学校，四面一望，觉得似曾相识。因为我们在这里所看见的都是我们心目中所存在的理想，天天求它实现而不可得，不料在这个偏僻的地方遇到，真是喜出望外。现在我要把我们参观所得的，报告出来，公诸同好。

校长是一个学校的灵魂，要想评论一个学校，先要评论它的校长。丁校长是陆军小学出身，并经过甲种师范讲习科的训练，未任本校职务之前，曾在尧化门国民学校充任校长八年，著有成绩。我们看他的人，听他的话，察他的设施，觉得他是个天才的校长。他能就事实生理想，凭理想正事实。他有事实化的理想，理想化的事实。他事事以身作则。他是教员的领袖，学生的领袖，渐渐的要做成社会的领袖。

这个学校不但教学生读书，并且教学生做事，做什么？改造学校！改造环境！学生是来读书的，教他做事，自己不情愿，父母不情愿。这是第一个难关。教员是来教书的，要他教学生做事，固不情愿，实在也是不会，这是第二个难关。教学生读书易，教学生做事难。如何打破这两道难关？一要身教；二要毅力。丁校长教学生做事的成功也是在这两点。他起初的时候整天拿在手里的是钉锤和扫帚。所以那时有人讲他是位钉锤校长，扫帚校长，但是久而久之，教员跟他拿钉锤扫帚了，学生也跟他拿钉锤扫帚了。教员变做钉锤扫帚的教员；学生也变做钉锤扫帚的学生了。丁校长于是开始偕同教员学生合力改造学校，改造环境。

校址是在一个关帝庙里。关公神像之外还有痘神、麻神等等。这些神像已经把课堂占去了大半个。丁校长一方面要教课堂适用，一方面要免去地方反对，就定了一个保存关公搬移杂神的计划。他就带领学生为关公开光，把神像神座洗刷得焕然一新，并领学生们向关公恭恭敬敬地行礼。他再同教员把这些杂神的神像移到隔壁的庙里摆着。他们又把那个庙打扫得干干净净，把这些杂神安排得妥妥当当，大家也行个礼。杂神搬出之后，这个课堂又经过了一番洗刷，加了些灰粉，居然变了一个很适用的教室，村里的人看见关公开了光，杂神安排得妥当，又听见学生报告向神行礼的一番话，不但不责备校长，并且称赞校长能干。

校内干好了，进而求环境的改良。燕子矶即在近边，他就带领学生栽树，从门口栽到燕子矶顶上，风景一变。造林场栽树，十活一二。丁君栽树，栽一棵活一棵，也是他从经验中得来的。燕子矶坡上因有人时常倒垃圾，太不洁净，丁校长就领学生们把所有的垃圾扫除一空。村民不知卫生，仍是时常把垃圾倒在此处。但村民一面倒，他就一面扫，村民倒一回，他就扫一回。后来邻居渐渐地出来责备倒垃圾的人，燕子矶头从此清洁了。

教学生做事的第一个影响就是全校无事不举：屋角上，桌缝里都可以看见精神的贯注。第二个影响就是用不着用人做事：打扫，泡茶，及一切常务都是大家分任，所以这个学校没有门房，没有听差，没有斋夫。第三个影响就是学生得了些合乎生活需要的学问：学生在学校里既肯做事，会做事，在家里也肯做事，会做事了；父母因此也很信仰学校了。第四个影响就是省钱：这个学校连校长有四位职员，五级学生共有一百二十四个人，但每年只花费公家六百二十四元钱。平均每个学生只费五元钱。学费是一文不收的，这是何等的省钱啊？省钱不为稀奇；省钱而有这样的成效，却是难能可贵的。

公家经费只有此数，设备一项宜乎因陋就简了，然而照我们所观察，比同等的学校好得多。就图书而论，这个学校里有教员参考书二十余种，学生读物四十余种，可谓选得妥当。

我见学生读物摆得有条有理，就问他买书的钱怎样来的。校长说每逢年节、午节、秋节学生例送节敬，我们却之不情，就拿来买些书给大家读读。再学生有一种储蓄买书的办法：每天储蓄一两个铜板，我们就把这笔钱拿来代学生买书。这是一种大家买书大家看的办法。每人出几角钱，就可得几十块钱的书读，出校的时候，学生还可把自己的书带回去，这是穷学校阅书最好的办法。

我再举一个例。学生喝茶的茶杯总要每人一个才合卫生之道。平常小学都是用公共茶杯，很不妥当。燕子矶国民学校却是每生一个茶杯。每人从家里带一个茶杯来，放在学校里，自己洗，自己管，自己用；茶水每人每星期出铜板两枚合办。茶水是公共的，茶杯是个人的，都是由学生自备的。

这个学校的教职员是很勤劳的。校长自己也教四堂，校长薪金每月二十元。教员薪金十四元的一人，十二元的一人，六元的一人。他们星期日只放半天学，暑假完全不放，学生在学校里补习各种家常实用的功课。燕子矶多水，父母不放心，所以不大愿意学校放假，学校肯得依从父母有理性的心理，所以很得社会信仰。

平常办学，学校自学校，社会自社会，不要说联络，连了解也说不到。丁校长接事只有半年，对于燕子矶社会情形，了如指掌。他并能得地方公正绅士信仰和帮助。学校因此无形中消除了好多障碍。

这个学校还给了我们一个很重要的暗示，乡村学校最怕的是教职员任职无恒，时常变更。在这种情形之下，研究设施都不能继长增高，真是可惜。丁先生所以能专心办学，一部分也是因为他的夫人能够和他共同努力。他的夫人也是本校的教员，特别担负女生的责任。她在这里服务是带一半义务性质。他们所组织的简朴家庭同时是乡村家庭的模范，我想未来的乡村学校最好是夫妻合办。如果男师范生和女师范生结婚之后，共同担负一个小乡村的改造，也是一生一大快事，并是报国的要图。

我们再看看这个学校普通的进步。去年校中只有学生七十八人，今年已经加到一百二十四人。去年女学生寥寥无几，今年因丁夫人之教导，已经有了三十余人了。去年本地有私塾四所，现在只有一所了，由此可见这半年进步敏捷之一斑。

现在办学的时髦方法：一是要求经费充足。有钱办学不算稀奇，我们要把没有钱的学堂办得有精彩，才算真本领。二是聘请留学生做教授。有西洋留学生更好，西洋留学生中有硕士、博士头衔的更为欢迎。这个偶像是要打破的。像燕子矶这样一个学校，西洋博士能否办得起来还是一个问题；容或办得起来，我却没有看见过。

这个学校是有普遍性的。它可以给一般学校做参考。它也有缺点，但只是时间上的问题。我们很希望大家起来试试这种用钱少成绩好的活教育。

叔愚先生和我对于这天的参观，觉得快乐极了，也受了无限的感动，回时路上遇了大雨，一身都湿透了，只听着叔愚先生连说："值得！值得！值得！"

评陈著之《家庭教育》*

——愿与天下父母共读之

此书为东南大学教育科丛书之一，系近今中国出版教育专书中最有价值之著作。全书分十二章，立家庭教育原则一百零一条。前两章述儿童心理及普通教导法，为提纲挈领之讨论；后十章都是拿具体的事实来解释各项建议之含义。在这书里，小孩子从醒到睡，从笑到哭，从吃到撒，从健康到生病，从待人到接物的种种问题，都得了很充分的讨论。这些讨论对于负家庭教育责任的，都有很具体的指导。

书中取材的来源不一，但有一个中心：这中心就是陈先生的儿子，一鸣。著者在《自序》中曾声明各项材料之来源，但未指明一鸣就是这本书之中心人物。倘使我们把这本书从头到尾读它一遍，就觉得这是无可怀疑的，一百多条举例当中，在一鸣那儿来的，就占了七十三条之多。其余的事实只可算为陪客。陈先生得了这个实验的中心，于是可以把别人的学说在一鸣身上印证，自己的学说在一鸣身上归纳。据他自己所说，我们晓得《佛戴之教育》（*The*

Education of Karl Witte）一书对于他研究家庭教育这个问题很有影响的。佛戴小时通五国方言，九岁进大学，十四岁得哲学博士，十六岁得法律博士并任柏林大学教授，都是他的父亲大佛戴的教育理想之实现。一鸣就是陈先生的佛戴。《家庭教育》一书就当作《一鸣之教育》看，也是可以的。

郑宗海氏的《序文》上说："我阅过之后，但觉珠玑满幅，美不胜收，有数处神乎其技，已臻乎艺术的范域。"这种称赞并不过分。我现在要举一两个例来证明陈先生的艺术化的家庭教育。当他讨论游戏式的教育法时，他举了下面一个例：

今天下午我手里拿着一只照相机，叫我的妻子把我们的女儿秀雅放在摇椅里，预备要替她拍照的时候，一鸣就捷足先登，爬到椅子里去，也要我替他拍照。我再三劝告他，他总不肯。后来我笑嘻嘻地对他说："一鸣！你听着！我叫一，二，三；我叫'三'的时候，你就爬出来，爬得愈快愈好。"他看见我同他玩，也很高兴地答应我。歇了一歇，我就一，二，三的叫起来，说到"二"的时候，他一只足踏在椅子的坐板上，两只手挨在椅子边上，目光闪闪的朝我看着，等到我说到"三"的时候，他就一跃而出，以显出他敏捷的样子。（《家庭教育》，三五面）

一鸣三岁大的时候，陈先生要一鸣把东西玩好以后，整理好放在原处，一鸣不依，他就想了下面说的一个法子：

后来我对他说，我帮助你一同弄。我就"海荷""海荷"地叫着，替他整理起来；他看见我已经替他整理好，也"海荷""海荷"地叫着，把书籍搬到他的书架上去了。（《家庭教育》，七六面）

他讨论小孩子为什么怕，为什么哭的时候举了两个例，也可以显出他神乎其技的教育法：

我同一鸣（一岁零十个月）在草地上游玩的时候，他看见一只大蟾蜍就举起手来向着后退，并且喊叫说："咬！咬！"我走过去，在地上拾了一根棒头轻轻地去刺着那只蟾蜍说："蟾蜍你好吗？"后来他拿了我的棒头也去刺刺看，但是一触就缩回，仍显出怕的样子，但比当初好得多了。(《家庭教育》，九五面）

有一天，我带一鸣（一岁零三个月）到东大附小去看小学生做戏，做戏的小学生们共有三百多人，戏做得很好，观戏的人大家都鼓掌。在这个当儿，小孩子应当发生惧怕。但我一抱一鸣进门，就笑嘻嘻地对他说："你看这里许多小孩子。"后来看见小孩子要鼓掌的时候，我就对他说我们也来拍掌，他一听见小孩子拍掌，也就欢欢喜喜地鼓起掌来。(《家庭教育》，九五面）

父母不会教养，小孩子不晓得要冤枉哭多少回。在这种家庭里面，小孩子早上醒了要哭，吃奶要哭，穿衣服要哭，换尿布要哭，洗脸要哭，拭鼻涕要哭，看见生人要哭，喊人抱要哭，讨糖吃要哭，跌了要哭，睡时脱衣服要哭。一天平均总得要哭十几回。估计起来全中国六岁以下的小孩子每年流的眼泪该有两万万斤。如果做父母的肯像陈先生这样细心教导儿童或是采用陈先生的教导方法，我敢说小孩子的眼泪是可以省掉一万万八千万斤咧。

陈先生写这本书有一个一贯的主张，这个主张就是做父母的对于子女的教育应有一致的措施。中国家庭教育素主刚柔并济。父亲往往失之过严；母亲往往失之过宽。父母所用的方法是不一致的。

虽然有时相成，但流弊未免太大。因为父母所施方法之宽严不同，子女竟至无所适从，不能了解事理之当然。并且方法过严则易失子女之爱心，过宽则易失子女之敬意。这都是父母主张不一致的弊病。陈先生此书所述各种教育方法，或宽或严，都以事体的性质为根据，不以施教育的人为转移。他和他的夫人对于一鸣的教育就是往这条路去走的。我们看他教一鸣觉得他是个母亲化的父亲，姊姊化的父亲，但他从没有失掉父亲的本色。

这本书出来以后，小孩子可以多发些笑声，父母也可以少受些烦恼了。这本书是儿童幸福的泉源，也是父母幸福的泉源。著者既以科学的头脑、母亲的心肠做成此书，我愿读此书者亦务须用科学的头脑和母亲的心肠去领会此书之意义。我深信此书能解决父母许多疑难问题，就说他是中国做父母的必读之书也不为过。这本书虽有许多贡献，但还是初步试验的成绩。有志儿童幸福者倘能拿此书来做个基础，再谋进一步的贡献，那就更是我们所希望的了。

* 陈鹤琴著

整个的校长

去年我对南开中学学生演讲“学做一个人”，曾经提出五种“非整个的人”，内中有一种就是分心的人。分心的人是个命分式的人，不是个整个的人。整个的人的中心，只放在一桩主要的事上。他的心分散在几处，就是几分之一的人，这类人包括兼差的官吏，跨党的党人，多妻的丈夫。俗语说“心挂两头”就是这类人。这类人是命分式的人，不是整个的人。

做一个学校校长，谈何容易！说得小些，他关系千百人的学业前途；说得大些，他关系国家与学术之兴衰。这种事业之责任不值得一个整个的人去担负吗？现在不然。能力大的人，要干几个校长。能力不够或时间不敷分配的，就要找几个人，合起伙来，共干一个校长。

我要很诚恳的进一个忠告：一个人干几个校长，或几个人干一个校长，都不是整个的校长，都是命分式的校长。试问，世界上有几个第一流的学校是命分式的校长创造出来的？国家把整个的学校交给你，要你用整个心去做个整个的校长。为个人计，要这样才可以发展专业的精神，增进职务的效率；为学校计，与其做大人名流的附属机关，不如做一个学者的专心事业。具体的说：去年教育部所开的总长兼校长和校长兼校长的例不但不应沿袭，并且应当根本铲除。我希望现在以总长兼校长的诸公都自动地辞去总长或校长，以校长兼校长的诸公都自动地以担任一校校长为限。至于某大学设立会办一层，似有几人合做校长之情形。此种新例，亦不可开。总之，为国家教育计，为个人精力计，一个人只可担任一个学校校长。整个的学校应当有整个的校长，不应当有命分式的校长。

天将明之师范学校

——江宁县立师范学校半日生活记

我是天将明的时候动身去参观江宁县立师范学校的，我亲眼看见这个学校天将明的生活，觉得这个学校要天明了，也觉得中国的真正师范教育要天明了，中国的师范教育过了二十多年的黑夜生活，到了现在居然要天明了，要看见阳光了，要吸收朝气了，真是爽快啊！

这个学校设在南京南门外，我由丁兆麟先生介绍，于10月5日偕本社乡村教育研究员赵叔愚、邵德馨二先生前去参观。到了学校门口，看见学生在那儿买柴。有一个学生和一个卖柴的人抬着，又一个学生在那儿看秤上的戥码。好一幅学生买柴图！走进门口，找不着号房。本来号房是城里学校装门面的，乡下要他做甚！恰好有个学生在那儿，我就把名片交给他，请他送去递与校长。校长徐卓夫先生即刻出来接见，谈了十分钟，其中最感动人的一段话就是："我有改革本校的决心，就去聘请尧化门小学校长宋鼎先生来任本校训育主任及学生活动指导员。第一次不答应，第二次再去请；第二次不答应，第三次又去请。这次走到尧化门，凑得不巧，宋先生到了燕子矶去了。我就在大风大雨之下走到燕子矶去找宋先生，弄得像在泥里打滚出来的一样。宋先生看这情形也就答应了。”徐校长叙述这段话的时候，眼眶里泪汪汪的显出很悲壮的样子。此时一面谈，一面走，到院子里一看，宋先生正领着十来个学生在那儿整理校景。宋先生看见我来了，非常欢喜地说：“先生从前在江苏省教育会所说的乡村标准校长的三层资格，我们就拿到这里来实行了。我们每天天没有亮就起来，过这农夫的生活，大家都快乐得了不得。”是的，我看他们很像活神仙。写到这里大家似乎愿意要晓得我所讲的乡村标准校长。9 月中旬，江苏省教育会邀集研究乡村教育及办理乡村学校的人在南京贡院开会讨论标准乡村学校。我发表了一点意见说：“乡村标准学校最需要的就是标准校长。乡村标准校长应当有三层资格：一、他要有农夫的身手；二、他要有教师的头脑；三、他要有社会改造家的精神。”宋先生那天也曾列席会议，他竟拿这话来实地训练学生，这种见义勇为的精神，真令人钦佩不已。我看学生们在各处搬石头，挑瓦片，栽花除草，几疑学生就是农夫，农夫就是学生了。大家抖起精神来做得津津有味，丝毫没有假借。徐先生和我说：“我请了宋先生之后，还有些人说冷话，质问我。‘为何找宋先生来，他有什么资格？’我回答他们说：‘他的资格就是尧化门小学。如果我的学生个个能把学校办成尧化门的样子，我也心满意足了。’社会里办事很难，现在还有这种冷酷的论调呢，我劝他认定主张做去，人家好意的批评固要虚心考虑，但成败利害毁誉可以置之度外。干了几年之后，闲话自然没有了。”停一会大家回到饭厅上去吃早饭。这里也是师生共食，和我们的南京安徽公学一样，所以我是很习惯的。

八点钟应当上第一堂课，徐校长及宋先生一定要我们演讲，我们只得遵命，赵、邵二先生和我都有演词。我一上讲台，眼见这些可爱的学生——未来的乡村校长教员——心里就想到中国农民生活如何困苦，一般师范学校如何走入迷途，裨益农民子女之乡村学校如何稀少。徐校长之三顾茅庐，宋先生之以身作则，和正统派教育家对他们的冷笑态度，以致没有说两句话眼泪就滚了下来，全堂肃静无声，数分钟后才能发言。这是我第一次在讲坛上流眼泪，当时痛恨自己，不能制止，事后一想，为农民及乡村教育流几滴眼泪也是应该的。

演讲后，即参观上国文课。这天学的是柳宗元的《捕蛇者说》。秦教员讲解得很有精神，很有趣味，所发之问也能启迪学生的思想。次一课为“中国农业历史”，也是秦先生教。乡村师范教历史固不宜以农业为限，但这是属于课程问题。秦先生教这门功课也能引学生入胜。教毕，已经是十一时了，这是学习烹饪的时间，教练的是位钟先生，就是本校的事务员，从燕子矶小学过来帮忙的。我们到厨房里去参观他们的工作，看见钟先生和轮值的学生都穿了围裙在厨房里做菜煮饭，只有一个校工在那儿帮助挑水烧火。全校只有两个工人，还有一个是在农场上做粗工的。学生看待烧饭做菜如同上课也如同游戏，大家做得有滋有味的。徐校长说：“今年有个姓程的学生，到了乡村里去做教员，饿了两天，就是吃了不会煮饭的苦楚。以后的学生大致没有这种困难了。”从前科举时代虽然考的是八股文章，但因为考举要在考场里好多日子，自己不会煮饭肚皮就要挨饿；并因为要在路上旅行很长久的时间，对于好多别的技能如骑马、打拳、舞剑、缝纫等等都要在家里学会，父母才放心给他们出去，所以科举时代，秀才们所会的不但是八股，并且还有些日常生活的本领。现今学堂里的学生简直只学得一点洋八股，连这些日用的常识常能都不会了，岂是国家办学的真意吗？这个学校冒大不韪，辞退了厨司，要教员同学生穿着围裙做厨子，这是何等的勇气！正午饭菜做好了就由学生送到饭厅上去，大家吃个快乐。我们不客气，也在这里同乐了一遭。每桌三大碗菜：一碗红烧肉，一碗炒白菜，一碗青豆煮豆腐。该校每星期吃两次荤，今日适逢荤期。这餐饭滋味很合口，材料很丰富，大家饱吃一顿。听说每月每人只费四块洋钱。学生说从前厨子做饭，既不好吃，又吃不饱，相形之下，想到昔日之苦更觉今日之乐了。我吃这餐饭要向全国县立师范学校建议一两句口号。这口号就是：“不会种菜，不算学生。”“不会煮饭，不得毕业。”

我参观之后觉得有三种感触。一是该校有贫而乐的精神，从校长以及教员学生都有这贫而乐的精神。全校四十人每月只有经费二百元，已有两个月没有发了，这不是用钱很少吗？社会待他们虽然冷淡，但是他们并不因此灰心；他们只是勇往直前的奋斗。二是该校有学小学的虚心。我曾说过“办中学要多学小学，少学大学”。办师范更应学小学。师范学校的职务是要采取优良小学的办法，训练学生，以广流传。该校聘请尧化门、燕子矶两位教员帮助训练学生，不久必生绝大的效力。他们放弃了一般师范学校的空架子，宁可虚心受小学之指导，这种不耻下问的态度实是一切进步之母。三是该校有远大的前途，影响所及可以为中国师范教育开一新纪元。他们有了灵魂，以后的发展只是时间问题，只是使此灵魂继长增高的活动出去就是了。他们有许多事业可以做。他们自从改革以来只有两个月的工夫，外面当然不能有惊人的成绩。但是照这样精神做下去一年一定有一年的功效，做下去多少时候一定就有多少时候的功效。乡下教员要做的事，他们就拿来教学生学。凡事会做则乐，不会做则苦。寻常师范生以下乡为苦，多半因为他们不会做乡下教员要做的事。我深信这个学校继续照样办了三年，凡乡村教师应做的事，学生是可以无不会做，无不乐做的了。他们的学生当能在乡村里安居乐业，负担乡村生活改造的任务。如果这种精神可以普遍全国的县立师范学校，我们全国乡村生活的改造事业就有希望了。天将明的中国师范教育！天将明的中国乡村生活改造！我晓得你们都要渐渐的随着天将明的江宁县立师范学校一一出现了。

无锡小学之新生命

——开原乡立第一小学一日生活记

今年 9 月本社聘请丁兆麟先生考察沪宁一带之乡村学校，以为改进乡村教育之根据。丁先生考察无锡小学二十余所之后，到昆山安亭和我会面，告诉我说："无锡开原乡有个学校叫作开原小学办得很有精神。校长潘一尘先生听说你在无锡第三师范分校演讲一个费钱少的活学校，内中拿我们燕子矶小学来引证，就自己筹旅费到燕子矶来参观，后来又乘童子军会操机会带了学生来作第二次的参观。潘校长这种精神是最可钦佩的。我看他学校里一切设施有的学东南大学的附属小学，有的学无锡第三师范的附属小学，或其他学校，原原本本都有根据，都足以代表校长虚心采纳的精神。但开原小学不但是效法他人的成法并且有它独创的方法，独到的境界。"丁先生说了，并劝我去参观。听了这番话，不消劝也要去参观了，这是我发愿去看开原小学的动机。

我于 10 月 9 日早晨 6 时半从无锡城里向开原乡出发，在西门外换车。车夫告诉我开原乡有好几个学校，问我要到哪个学校去。这一下却把我问倒了，因为丁先生并没有告诉我这个学校是在哪个村庄。我想好的学校，参观的人必多，我就对车夫说：“拉我到你常拉到的那个学校去罢。”车夫说：“我拉先生到河埒口去看看。”

车夫使劲跑了四十分钟，就到了河埒口，歇在一个学校门口，一看挂的是开原乡立第一小学，向里一望，气象不凡，料想就是这里无疑。走进门一问，果然不错。随手拿了一张名片托位学生代我递与潘校长。这个学校也没有门房听差了。我在应接室里坐着，一个学生送了一杯茶来，很有礼貌地说：“请先生用茶。”过了一分钟的光景，潘校长就出来接见。他曾在东吴大学肄业二年，没有进过师范学校。他的教员都没有进过师范学校，他是凭他的天才和虚心研究态度在这里办学。他们没有好些师范生的成见，也没有好些师范生的空架子。我请他把他办学的经过历史、现在状况、未来计划详详细细的指示了一番。他最后说：“可惜今天没有功课。明天双十节全县学校开联合庆祝大会；今日开原乡学校就提前先开全乡学校联合庆祝大会。幸而地点就在本校，请先生在这里看看我们学生及全乡学生的活动。”我说：“这就是功课，怕比正式的功课还要有意思，有价值些。”

过了一刻钟，创办人蒋仲怀先生也来了。这个学校是蒋先生在光绪三十年创办的。蒋先生家就住在本村。他现任无锡县教育局长。他有个决心要把他自己村里这个学校办好，使得全县学校可以得个标准。所以他对于这个学校的发展是很努力扶助指导的。

我看了校里筹备开会一定很忙，就请蒋、潘二位先生让我一人自由参观。得了他们允许，我就在应接室考察各种表册。开原小学所备的表册，很有系统，很有意义，并且是应用尽用的，不像好多学校，只是把它们挂在那儿当作装饰品罢了。其中最令人注意的有几种。一是儿童所好教科之统计。这是俞子夷先生近年创办的调查。该校竟已效行，真是敏捷之至。二是儿童志向之统计。别的学校只是概括的分类，该校所调查之志向非常具体，例如愿做教员、习商、当兵、航海、外交、花行、航空、铁行、电灯厂、洋布厂、面粉厂、木匠、米行、银行、成衣匠、丝厂、钱庄、报关行、印刷业、猪行和大总统的学生都有。这种具体的调查很能给施教者一种重要的参考。三是毕业生状况之统计。该校对于毕业生之状况调查得非常明晰。毕业生对于母校感情也非常浓厚。将来后期小学之发展大半要出于毕业生之赞助。就我所亲见的小学校中论，与毕业生之联络怕要以该校为最密切，得毕业生的帮助也怕要以该校为独厚了。四是学生之课外自治事业之各种图表簿册。该校之学生课外自治事业有一个组织总其成，这个组织叫作新民村。新民村里的组织有村民大会，村务会议，村政厅，村议会裁判所，以村长村佐总其成。村长就是校长。村中举办事业有原一商社，储蓄银行，新民旬刊社，童子军，博物馆，公园，农场，体育场，巡察团，卫生局，音乐会，这些事业每件都有一本簿子记录进行之状况，我一人在那里翻阅，把全村的生活都印入我的心中，好像照相一样，真是有味得很。其中最引我注意的可以略举几样说说。

（甲）在《裁判所日记簿》上最令人受感触的就是犯事的处分，学生裁判学生，往往处分较教员还严。该校常有的处分是“关夜课”。这和迟放学的意思差不多。受这处分的学生，下午 4 时至 5 时须关在学校里不许出去。

（乙）《巡察团规程》里面最切实的是第八条巡察员的任务。

第八条　巡察员任务如下。

1. 禁止村民违禁行为。有违禁的随时拉了他，或抄他的姓名，报告团长办理。

2. 维持下列各行的秩序：

ㄅ　休息运动时的秩序；

ㄆ　整队出校时的秩序；

ㄇ　周会或其他集会时的秩序；

ㄈ　雨天取雨具时的秩序；

ㄉ　维持避灾练习时的秩序；

ㄊ　注意纠正村民行路时靠左走；

ㄋ　禁止村民休息时在课堂故意逗留胡闹；

ㄌ　其他。

3. 注意村民的行为。如有下面的情形，随时加以护导，比较重大的，报告当值监护教师处理：

ㄅ　忽然患病的；

ㄆ　受了伤的；

ㄇ　幼年同学号哭的；

ㄈ　一时失误的（如饮水弄湿衣服，无心损坏东西等）；

ㄉ　年幼同学的困难（如不明禁令，不能自着衣服等）；

ㄊ　收受遗失品送交团长管理；

ㄋ　执行其他各教员特别委托的。

（丙）在村民大会的日记簿上看见一段最有趣的记录。这记录就是说 9 月 29 日写信请燕子矶小学加入双十节之联合庆祝大会。我看了这条记录就找该校关于这件事的来往信件。看了该校与燕子矶小学来往的信札，觉得这种小学生通信最足以促进学校间之合作，并给学生一种最有价值的发表及精神社交之机会。开原小学的信是周金耕、周映耕两个学生起稿的，承严仲虞给我抄来，披露于下：

诸位老师学长：

我们早已知道贵校的名字，并且和诸位精神上已有一种结合了，可是没有机会和诸位见面。日前你们丁老师到敝校来参观，我们得到他不少的指教，不知道丁老师平安抵校否？极念。

光阴如箭，不久又是国庆日了。敝校定于9日下午2时至5时，7时至9时，联络本地附近各校开庆祝大会。听丁老师说贵校亦愿加入表演，倘蒙惠临加入，不但增光敝校，且可使敝县各校大大地兴奋一下。尚请预先通知，以便编入节目。仰着脖子等你们回音。专此敬祝

学业进步。

无锡开原一校全体敬启

9月29日

表册翻完之后，我就到校内各部参观。一切布置都很有条理，也很清洁。学生进出都是很有秩序的，靠左靠右都有一定办法。我看见一块蓝色的牌子，后面是红色，不晓得什么意思，校长就把红色一面翻过来，院子里的学生看见红色就从院里跑了出去；后来校长又把蓝色一面翻过来，学生又纷纷进到院子来了。我才知道红色蓝色不过是发号令的记号：蓝色是可以在院里的记号；红色是即刻出院，好像有危险来了的记号。院子里还有点表现科学原理的办法。

他们用洋铁管就着屋檐水做成一个喷水泉。到下雨的时候，听说这个喷泉是很好看的。所费只有十二个铜圆。这样办法很有苏州第二女子师范附属小学科学环境的趣味。图书馆有学生用书 29 种，共计 2866 册，教员用书 45 种，共计 2649 册。学生用书分十八个阶段，这是采取东南大学附属小学的办法。图书馆是由学生管理，分七股办事，即借书股，装订股，报告股，格言股，棋枰股，悬赏股，巡回文库股，很是井井有条。乡村小学图书馆就我所看过的，怕要以此为最好了。该校公园约有 980 方尺，体操场约有 4140 方尺，农场约有 780 方尺。我走到农场的时候，有两位学生向我一鞠躬递了一封信给我，表示代表欢迎我的意思，我打开信一看，上面写的是：

陶先生：

我们在上午 9 时开一个欢迎会为先生拂尘，请先生到会指导指导，幸勿推却。敬请

旅安。

开原一校村政厅敬上

10 月 9 日启

原来半点钟前学生就在那里开会筹备欢迎。他们拟了秩序单，派定各人的职务并推了两个学生起稿写这封信给我。同时也写了一封信给蒋仲怀先生，请他训话。过了十分钟光景，又有两个学生来说是已经预备好了，要我们去指教。我就和蒋先生、潘先生一同去赴会。学生主席致欢迎词，唱歌，讲故事；然后由我演说。该校每周有周训。本星期的周训挂在那里是“知行合一”四个字，这是我的老本行，我就拿“知难行易”和“知易行难”的道理引证具体活动比较讨论一番。蒋先生又用“知

是必行”“知非必去”八个字勉励他们，然后散会。这种小学生自己筹备，自己主持的欢迎会，真是我平生第一次最可纪念的经验。

会散之后，潘校长领我到一个邻村的学校去参观，参观毕就到蒋先生家里去吃午饭。蒋先生送了我一张开原乡全图。这个图是今年6月测量的。就图上看来，一共有24个学校。全区学龄儿童5078人，入学男生有1628人，未入学男生有1794人；入学女生有380人，未入学女生有1278人。蒋先生说："我想把这个学校办好，使得全乡的学校有所取法。"这是与我们"以学校化学校"的政策不约而合。

下午两时回到学校来赴庆祝会。这是个联合庆祝会。这天到的有八个学校的学生，都有教职员率领来的。个个学堂教职员学生都有主动地参与。现在把这个联合国庆大会的节目单披露于后，俾能明白这些学校协作精神之一般：

国庆大会节目单

民国十五年十月十日

开会

锣鼓　开一

国歌

开会辞

演讲

国语歌　开一

叠罗汉　双十节　公三

国技　公一

丝竹　公一、开一

人山　开一

双簧　绩成

国耻小曲　公一

叠罗汉　国之纪念塔　公三

国庆问答　开六

京剧　化子拾金　绩成

可怜的秋香　唐氏

表情　双十节

叠罗汉　庆祝国庆　公三

国乐　县四

渔樵耕读　开一

寒衣曲　公一

休息

尽力中华　开一

麻雀和小孩　唐氏

木兰从军　公一

春天的快乐　歌剧　开一

葡萄仙子　歌剧　唐氏、公一、开一

滑稽舞

欢呼　开一

散会

我这天虽没有看见该校上课，但该校的生活我是看得充分，怕比看正式上课还要亲切些。从文字及谈话上，我晓得该校对于课业上一切设施是最用心的。它已经采用新学制。学级制只存其适应需要的部分，其余的都打破了。于是国语主分阶段，数学主分团。设计教学及道尔顿制度酌量采用。他们要兼取各种方法之优点，不受一种方式之拘束。他们有一个决心，要使乡村小学的教学适应于教育新思潮。品行方面以《好儿童》为标准，借以发展儿童天赋之才能，使他们向了能作能为的大路行走。从这天的生活上看来，我推想该校教课训育各方面有相类的切实。该校还有一个志愿，这志愿就是要以少量的经费教育多数儿童。该校现有初级学生 85 人，经常费每年 738 元，平均每生教育费为 8 元 7 角；高级小学 22 人，经常费 500 元，平均每生教育费为 22 元。我因为无锡生活程度不熟悉，不能判断该校所费之高下，但该校仍旧还是向经济的方面进行。

依我看来，西洋文化能补充东方文化的地方有两点：一是运用科学改造天然环境；二是运用社会组织以谋充分之协作。开原第一小学的最大特长就是有最敏捷、最切实的方法引导学生组织积极的活动。据说这里的教员也是同心协力的。中国的通病就是没有组织力：人数越多，越散漫。俗语说“一个和尚挑水吃；两个和尚抬水吃；三个和尚买水吃”，就是描写这种不能协作之景况，当这外患濒临的时候，国民没有伟大的组织便不能有伟大的抵抗，便不能有伟大的成就。我看了开原学校的团体活动，不禁为中国前途增加了好些希望。我希望个个学校都能得到这种精神，好为中国造就能组织、能团结、能为共同幸福从事共同活动之新国民。倘使这些学校既能培养团体生活，又能运用科学知识以改造天然环境，征服天然势力，那么，他们岂不成为更切需要、更合理想的学校吗？

答操震球之问

操震球问："小孩子在'做'上，我只见他学，却不见他教，此处怕只有学做合一，没有教学做合一，对不对？"

我说："这孩子如果是鲁滨逊·枯路梭，那便只有学做合一，没有教学做合一。实际上却没有这样的孩子。他是个孩中孩，他的一举一动都免不了要影响别的小孩子。关心儿童教育的父母往往对子女说，你不要和那个孩子玩，别给他带坏了。这就是小孩教小孩。小孩是怎样教别的小孩呢？他在做上教。他一面做，一面学，一面教。他的教育力量有时比教师大得多。所以好父母、好教师都要为儿童择友，运用小孩教小孩。不但如此，小孩也能教成人。小孩的一举一动也影响到成人。成人无论'石化'到如何程度，除非是进了棺材，都是免不了要受儿童的影响的。最能感受儿童影响的是老年。老年人常与小孩接近，便要成为'老有童心'。六十岁的小孩，便是这样造成的。小孩不但教小孩，并且可以教成人，不愿拜小孩子做先生的人，不配做小孩子的先生。所以小孩子也是教学做合一。教学做合一是全人类教育历程之真相，无论男女老幼，丝毫没有例外。只有漂流荒岛的鲁滨逊可以跳出教学做合一的法掌。"

育才学校创办旨趣

我们在普及教育运动实践中，常常发现老百姓中有许多穷苦孩子有特殊才能，因为没有得到培养的机会而枯萎了。这是一件非常可惜的事情，这个民族的损失，人类的憾事，时时在我的心中，提醒我中国有这样一个缺陷要补足。

抗战后，从国外归来，路过长沙汉口时，看到难童中也有一些有特殊才能的小孩，尤其在汉口临时保育院所发现的使人更高兴。那时我正和音乐家任光先生去参观，难童中有一位害瘌痢的小朋友，但他是一位有音乐才能的孩子，不但指挥唱歌有他与众不同的能力，而他也很聪敏，任光先生给他的指示，他便随即学会。

又有一次，我在重庆临时保育院参观，院长告诉我一件令人愤愤不平的事。他说近来有不少的阔人及教授们来挑选难童去做干儿子，麻子不要，瘌痢不要，缺唇的不要，不管有无才能，唯有面孔漂亮，身材秀美，才能中选。而且当着孩子的面说，使他们蒙上难堪的侮辱，以致在他们生命中，烙上一个不可磨灭的印象。

以上三个印象，在我的脑子里各个独立存在了很久，有一天，忽然这三个意思凝合起来了。几年来普及教育中的遗憾，须求得补偿，选干儿子的做法，应变为培养国家民族人才幼苗的办法，不管他有什么缺憾，只要有特殊才能，我们都应该加以特殊之培养，于是我便发生创办育才学校的动机。当时就做了一个计划，由张仲仁先生领导创立董事会，并得到赈委会许俊人先生之同意而实现，这是去年一月间的事。

创办育才学校的主要意思在于培养人才之幼苗，使得有特殊才能的幼苗不致枯萎，而且能够发展，就必须给予适当的阳光、空气、水分和养料，并扫除害虫。我们爱护和培养他们正如园丁一样，日夜辛勤地工作着，希望他们一天天的生长繁荣。我们拿爱迪生的幼年来说吧，他小时在学校求学，因为喜欢动手动脚，常常将毒药带到学校里来玩，先生不理解他，觉得厌恶，便以“坏蛋”之罪名把仅学了三个月的爱迪生赶出了学校。然而他的母亲却不以为然，她说她家的蛋没有坏，她便和她的儿子约好，历史地理由她教他，化学药品由自己保管，将各种瓶子做记号，并且放在地窖里。他欣然地接受了母亲的意见，于是这里那里的找东西，高高兴兴地玩起来。结果就由化学以至电学，成为世界有名的大发明家。虽然那三个月的学校教育是他一生仅有的形式教育，但是由于他母亲深切地理解他，终于有此造就。像爱迪生母亲那样了解儿童的精神，是值得我们学习的。假如他的附近有化学家、电学家特殊的帮助，设备方面又有使用之便利，则可减少他许多困难。我们这里便想学做爱迪生的母亲，而又想给小朋友这些特殊的便利。

我们这里的教师们，要有爱迪生母亲那样了解儿童及帮助儿童从事特殊的修养，但在这民族解放战争中，单为帮助个人是不够也是不对的，必须要在集体生活中来学习，要为整个民族利益来造就人才。因此我们要引导学生们团结起来做追求真理的小学生，团结起来做自觉觉人的小先生，团结起来做手脑双挥的小工人，团结起来做反抗侵略的小战士。

真的集体生活必须有共同目的，共同认识，共同参加，而这共同目的，共同认识，共同参加，不可以由单个的团体孤立的建树起来，否则又会变成孤立的生活，孤立的教育，而不能充分发挥集体的精神。孟子说："先立乎其大者，则其小者不能夺也"。我们中国现在最大的事是什么？团结整个的中华民族，以打倒日本帝国主义而创造一个自由平等幸福的中华民国。我们的小集体要成了这个大集体的单位才不孤立，才有效力，才有意义。与这个大集体配合起来，然后我们的共同立法，共同遵守，共同实行，才不致成为乌托邦的幻想。

我们的学生要过这样的集体生活，在集体生活中按照他的特殊才能，给予某种特殊教育，如音乐、戏剧、文学、绘画、社会、自然等。以上均各设组以进行教育，但是小朋友确有聪明，而一时不能发现他的特长，或是各方面都有才能的，我们将来要设普通组以教育之。又若进了某一组，中途发现他并不适合那一组，而对另一组更适合，便可以转组。总之，我们要从活生生的可变动的法则来理解这一切。

但是，育才学校有三个不是，须得在此说明：

一、不是培养小专家。有人以为我们要揠苗助长，不顾他的年龄和接受力及其发展的规律，硬要把他培养成小专家或小老头子，这种看法是片面的。因为那样的办法也是我们极反对的，我们只是要使他在幼年时期得到营养，让他健全而有效的向前发展。因此，在特殊功课以外，还须给予普通功课，使他获得一般知能，懂得一般做人的道理，同时培养他的特殊才能，根据他的兴趣能力引导他将来能成为专才。

二、不是培养他做人上人。有人误会以为我们要在这里造就一些人出来升官发财，跨在他人之上，这是不对的。我们的孩子们都从老百姓中来，他们还是要回到老百姓中去，以他们所学得的东西贡献给老百姓，为老百姓造福利；他们都受着国家民族的教养，要以他们学得的东西贡献给整个国家民族，为整个国家民族谋幸福；他们是在世界中呼吸，要以他们学得的东西帮助改造世界，为整个人类谋利益。

三、我们不是丢掉普及教育而来干这特殊的教育。其实我们不但没有丢掉普及教育而且正在帮助发展它，现在中国处在伟大的抗战建国中，必须用教育来动员全国民众觉悟起来，在三民主义抗战建国纲领之下，担当这重大的工作，所以普及教育，实为今天所亟需。是继续不断的要协助政府研究普及教育之最有效之方法，以提高整个民族的意识及文化水准。育才学校之创立，只是生活教育运动中的一件新发展的工作，它是丰富了普及教育原定的计划，绝不是专为这特殊教育而产生特殊教育，也不是丢掉普及教育而来做特殊教育。

——1940 年 8 月 1 日《战时教育》第 6 卷第 1 期

育才学校教育纲要草案

一、育才学校之性质及其内容

（1）育才学校根据中华民国教育宗旨及抗战建国需要，用生活教育之原理与方法，培养难童中优秀儿童使成为抗战建国之人才。

（2）育才学校办的是建国教育，但同时是抗战教育。有人离开抗战教育而提出建国教育，挂建国教育之名，行平时教育之实。我们的看法不同，今天的建国教育必须是抗战教育，而今天真正把握中国抗战全面需要的抗战教育，必须是建国教育。育才学校从某些人的眼光看来，是“建国教育”（因为他们以为它只是培养未来的人才），但我们认为这并不保证它就是建国教育。保证它是建国教育的是在于它同时就是抗战教育。今天育才学校的儿童必须过战时的生活，必须为抗战服务，必须在抗战洪炉中锻炼，否则我们便没有理由希望他们成为未来的建国人才。育才学校的教育，不是挂名的建国教育，而是抗战与建国的统一的教育，抗战建国教育。

（3）育才学校办的是人才教育，分音乐、戏剧、绘画、文学、社会、自然等组。但和传统的人才教育方法，有所不同。传统的人才教育，一般的是先准备普通的基本教育然后受专门的高等教育。我们的办法是不做这样严格的时间上的划分，我们选拔具有特殊才能的儿童，在开始时便同时注意其一般基础教育与特殊基础教育。前者所以使儿童获得一般知能及优良的生活习惯与态度；后者所以给予具特殊才能之儿童以特殊营养，以使其特殊才能得以发展而不致枯萎，并培养其获得专门知能之基础。表面上看来，这是一般基础教育与专科基础教育之过早的区分，但根据我们的办法，这是及早防止一般基础学习及专科基础学习之裂痕。我们要及早培养儿童对于世界和人生一元的看法。倘若幼年的达尔文对于生物浓厚的爱好是发展伟大的进化论者达尔文的条件之一，那么今天提早发展儿童之个别优异倾向，实在有其理由；倘若中国近年来文化工作之脱离广泛社会实际生活，和技术专家之缺少正确的认识可以作为殷鉴，那么今天便在一般基础教育与特殊教育中予以统一，防止那样的分裂倾向，实在有其必要。

（4）育才学校办的是知情意合一的教育。中国数十年的新教育是知识贩卖的教育，有心人曾经慨然提倡感情教育，知情意并重的教育。这种主张，基本上是不错的，但遗憾的是没认清知识教育与感情教育并不对立，同时知情意三者并非从割裂的调练中可以获得。书本教育也许可以使儿童迅速获得许多知识，神经质的教师也许可以使儿童迅速地获得丰富的感情，专制的训练也许可以使一个人获得独断的意志，但我们何所取于这样的知识，何所取于这样的感情，何所取于这样的意志？知情意的教育是整个的，统一的。知的教育不是灌输儿童死的知识，而是同时引起儿童的社会兴趣与行动的意志。感情教育不是培养儿童脆弱的感情，而是调节并启发儿童应有的感情，主要的是追求真理的感情。在感情之调节与启发中使儿童了解其意义与方法，便同时是知的教育；使养成追求真理的感情并能努力与奉行，便同时是意志教育。意志教育不是发扬个人盲目的意志，而是培养合于社会及历史发展的意志。合理的意志之培养和正确的知识教育不能分开，坚强的意志之获得和一定情况下的情绪激发与冷淡无从割裂。现在我们要求在统一的教育中培养儿童的知情意，启发其自觉，使其人格获得完备的发展。

（5）育才学校办的是智仁勇合一的教育。智仁勇三者是中国重要的精神遗产，过去它被认为“天下之达德”；今天依然不失为个人完满发展之重要的指标。尤其是目前抗战建国时期，我们需要智仁勇兼修的个人，不智而仁是懦夫之仁；不智而勇是匹夫之勇；不仁而智是狡黠之智；不仁而勇是小器之勇；不勇而智是清谈之智；不勇而仁是口头之仁。中国童子军以智仁勇为其训练之目标，是非常有意义的。育才学校不仅是以智仁勇为其局部训练之目标，而是通过全部生活与课程以达到智仁勇之鹄的。我们要求每一个学生个性上滋润着智慧的心，了解社会与大众的热诚，服务社会与大众自我牺牲的精神。

（6）育才学校是一个具有试验性质的学校。第一，抗战以来，中国破天荒产生了儿童公育的事业，而育才学校是其中特殊的一种。我们希望将具有特殊才能的儿童之公育，予以充分的试验。第二，育才学校以生活教育原理与方法作为一种指导方针，我很希望将这一指导方针予以充分试验，我们深信这种试验会给予生活教育理论一些新的发展。

（7）育才学校全盘教育基础建筑在集体生活上。这里不是一个旧的教育场所，而是一个新的生活场所。这里的问题，不仅在于给儿童以什么样的教育，同时更在于如何使儿童接受那样的教育；这里的问题，不仅在于我们应有一个教育理想与计划，而在于如何通过集体生活达到那样一个理想与计划。所谓集体生活是全盘教育的基础有三个意义：

第一，集体生活是儿童之自我向社会化道路发展的重要推动力，为儿童心理正常发展所必需。一个不能获得这种正常发展的儿童，可能终其身只是一个悲剧。第二，集体生活可以逐渐培养一个人的集体精神。这是克服个人主义、英雄主义及悲观懦性思想的有效药剂，中华民族正处于历史上空前未有的抗战建国关头，这种集体精神应溶化入每个人的血液里。第三，集体生活是用众人的力量集体地创造合理的生活、进步的生活和丰富的生活。以这种丰富、进步而又合理的生活之血液来滋养儿童，以集体生活之不断的自新创造的过程来教育儿童。具体言之，集体生活之作用是在使儿童团结起来做追求真理的小学生，团结起来做即知即传的小先生，团结起来做手脑并用的小工人，团结起来做反抗侵略的小战士。

（8）育才学校的集体生活必须保持合理、进步与丰富，而欲保持它的合理、进步与丰富，则有两个重要的条件：（一）与社会发展的联系，与整个世界的沟通。（二）在集体之下，发展民主，着重个性。

（9）育才学校的集体生活包含着如下几种生活：（一）劳动生

活；（二）健康生活；（三）政治生活；（四）文化生活。在传统教育中有所谓劳动教育而忽略劳动生活，有所谓健康教育而忽略健康生活，有所谓政治教育而忽略政治生活，在各种各样的课堂中，讲授文化生活而忽略真正的文化生活。育才学校的生活与教育是统一的，它认定劳动生活即是劳动教育，用劳动生活来教育，给劳动生活以教育；它认定健康生活即是健康教育，用健康生活来教育，给健康生活以教育；它认定政治生活即是政治教育，用政治生活来教育，给政治生活以教育；它认定文化生活即是文化教育，用文化生活来教育，给文化生活以教育。

（10）育才学校的集体生活虽然在性质上分为劳动生活、健康生活、政治生活和文化生活，但在生活之集体性这一点上，决定了我们的劳动生活、健康生活、文化生活往往同时就是政治生活。质言之，劳动生活、健康生活、文化生活之解释、动员、组织的过程都是政治生活，也都是政治教育。因此育才学校的集体生活，在其总的意义上说来便是一种政治生活。也就是说育才学校的政治教育笼罩着整个集体生活。

（11）育才学校的生活是有计划的，此种有计划的集体生活之集体性决定了全部的集体生活，同时就是政治生活。同样地育才学校的集体之教育性决定了全部的集体生活，同时就是文化生活。质言之，劳动生活、健康生活、政治生活在集体讨论与检查中所有语言文字表达能力之锻炼以及思考推理之应用等等，便同时是文化生活。劳动生活、健康生活、政治生活对于学生精神品格上之陶冶及锻炼，便同时是文化教育。因此，育才学校的集体生活在其总的意义说来，同时又是文化教育。

（12）育才学校之集体生活在其总的意义上说来，一方面是政治教育，另一方面又是文化教育。此二者与集体生活是互为影响的。集体生活愈丰富，则政治教育愈充实，政治教育愈充实，则集体生活之政治认识的水平愈提高。同样地，集体生活愈丰富，则文化教育愈充实，文化教育愈充实，则集体生活之文化水平愈提高。

（13）育才学校之政治教育、文化教育在集体生活有其总的意义，要求我们确定这两方面的指导方针：（一）今天吾人正处在历史上空前未有的民族解放战争中，纵贯在整个抗战中之最根本问题是全国精诚团结，服从三民主义之领导，这是全国人民的共同要求，毫无疑义地育才学校之政治教育应以精诚团结、服从抗战、实行三民主义为最高原则。（二）人类历史上的文化遗产浩如瀚海，欲浩如瀚海之文化遗产全部为儿童所接受，匪特不可能，抑且与教育原理不相合。因此，育才学校今日而言文化教育，就其内容而言，必须确定以下诸点：（一）约缩地反映人类历史上重要而有代表性的文化遗产。（二）着眼哲学科学（社会与自然）与艺术之历史的发展及其在社会实践的意义。（三）着重人类进化史及中国历史的认识。

（14）最后，育才学校一般基础教育之是否可以获得成功，特种基础教育是否可以获得较多的学习时间，都要看儿童们是否能迅速地获得文化之工具来决定，这是一个教育上基本建设的问题。一个儿童不能够用适当语言文字清楚地表现他的思想，我们可以说，这个儿童所受的是不完备的教育。所谓文化的工具的教育，包含着这样几项：（一）语言；（二）文字；（三）图画；（四）数学；（五）

逻辑。广义地说来，这五项东西同是表达思想的工具。只有这种工具获得了才可以求高深的学问，才可以治繁复的事。传统教育也是非常看重这种工具的，但它有两个根本缺点：第一，偏狭。将读、写、算看作最重要的工具。第二，错误。一味在读、写、算本身上来学习读、写、算。今天我们提出文化的工具教育，并且强调其重要，绝不是将它置于一般基础教育之上，终日来学习语言、文字、数学、逻辑。倘若这样的话，这正是犯了三 R（The three R' s）* 教育的错误。我们认为工具教育，应该从丰富的集体生活中来吸取培养它自己的血液，用语言、文字、图画来表达集体生活，用集体生活中统计的事项来作为计算的材料，用集体生活中之事实、论争发展儿童客观的逻辑，代替儿童之虚幻的逻辑。

然而，在另一方面也有一种错误的倾向：那就是设计教学法者，根本忽视工具教育之特性。他们将语文和算术的学习不断联结于各个不甚关联的单元活动上，充满了牵强附会和人工造作。依照我们的办法，一方面是用这些工具来表达集体生活事项，一方面又将语文中之优秀作品以及计数活动之练习给组成一种文化生活，从事学习，儿童获得这种文化的生产工具以后，他便能自动地吸收广泛的知识。

二、育才学校生活、学习与工作制度

（1）育才学校的生活、学习、工作基本上是打成一片的，其中

* 三 R（The three R' s），英语 read，recite，review 三词的缩写。意为阅读、背诵和温习。

一般活动皆属于一骨干组织的集团生活之组织下。这一个组织统一了生活与学习的组织，统一了集体生活与日常社会服务组织。这一组织系统概略如下：（一）设育才学校儿童生活团；（二）音乐、戏剧、文学、社会、绘画、自然、工艺、农艺等组各编为一中队，中队下设若干分队；（三）各组同一般教育水准之儿童编为一学级，使共受普通教育；（四）各组之各不同分队的儿童按年龄大小与工作经验之配合，混合组成若干社会服务队，专司附近村落社会服务（详细情形，可参考育才学校公约草案）。

（2）学习活动中之一般学习包含在一般生活组织中。

（3）工作与服务之一般的组织亦包含在一般生活组织中，但育才学校为了在抗战洪炉中锻炼儿童，同时为了抗战工作之需要，得相机随时组织战时工作队；倘若在一般生活组织中，有较为固定的生活、工作与学习已经使儿童获得较为刻板的习惯，那么战时工作队便是有意打破这种刻板的习惯，予儿童以一种应有的训练。

（4）以上各项组织尽了纵横交错之作用，使全校儿童能彼此相接触，但在这各组织中，分队是平日生活、工作、学习的基本组织。

（5）育才学校主张教训合一，同时育才学校坚决地反对体罚。体罚是权威制度的残余，在时代的意义上说它已成为死去的东西；它非但不足以使儿童改善行为，相反地，它是将儿童挤下黑暗的深渊。育才教师最大的责任便是引起儿童对于纪律自觉地需要，自觉地遵守，引起儿童对于学习自觉地需要，自动地追求。

（6）育才学校集体生活之组织的原则是民主集中制。民主集中制的运用，一方面可以健全当前的集体生活，另一方面是培养儿童参与未来民主政治之基础。

（7）育才学校着重分队晚会，凡集体生活中之问题、时事及当天指导员所教的东西务须予以充分的讨论，这除了增加儿童对于学科了解之外，同时更增进了儿童语言表达的能力。

（8）育才学校着重自我批评。自我批评是发展民主的有效手段，自我批评是促进自觉性启发的利器。

（9）育才学校着重总结能力之培养。总结需要包含学习中各种问题，自我批评及讨论中不相同的意见等，这一方面是扩大了儿童的能力，一方面是练习了逻辑。

（10）育才学校要养成儿童之自我教育精神。除跟教师学外，还跟伙伴学，跟民众学，走向图书馆去学，走向社会与自然界去学。他可以热烈地参加集团生活，但同时又可以冷静地思考问题。

为了加强养成儿童之自我教育精神，育才学校每日给予儿童相当时间，作为自由思索与自由活动的机会。

（11）育才学校之总的教育过程为：（一）以儿童为行动的主体，在教师之知的领导下，所进行的行与知之不断连锁的过程；（二）以儿童为行动的主体，同时以儿童自身之知为领导，所发展之行与知不断连锁的过程；（三）育才教育目的之一便是从第一种过程慢慢地发展至第二种过程。

（12）育才学校之一般“教学做”的过程，有三种形式：（一）以工作或问题为中心的教学做过程；（二）以事物之历史发展为中心的教学做过程；（三）各学科各系统的学习与研究的教学做过程。这三个过程，育才学校参合互用。

（13）育才学校教师与学生基本上是在集体生活上共学，不但是学生受先生的教育，先生也在受学生的教育。这里我们要反对两种不正确的倾向：一种是将教与学的界限完全泯除，否定了教师领导作用的错误倾向；另一种是只管教，不问学生兴趣，不注意学生所提出的问题之错误倾向。前一种倾向必然是无计划随着生活打滚；后一种倾向必然是盲目地灌输学生给弄成填鸭。

优秀的教育工作者一方面是他根据客观情形订出教育计划，但另一方面是知道如何通过生活与实践，实现这个计划，并且在某种情形下知道修改他的计划，同时发展他的计划。

说书

中国有三种呆子：书呆子、工呆子、钱呆子。书呆子是读死书，死读书，读书死。工呆子是做死工，死做工，做工死。钱呆子是赚死钱，死赚钱，赚钱死。对于书呆子我是劝他们少读点书，多干点有意义的事，免得呆头呆脑，因此，我从前在晓庄办了一个图书馆，叫做“书呆子莫来馆”。但是一方面叫书呆子不要来，一方面为什么又要图书馆呢？要叫工呆子钱呆子多看些书，把头脑弄得清楚一点，好把世界的事看个明白。但书是一种工具，只可看，只可用，看也是为着用，为着解决问题，断不可以呆读。认清这一点，书是最好的东西，有好书，我们就受用无穷了。正是：

用书如用刀，

不快自须磨，

呆磨不切菜，

何以见婆婆。

——原载 1939 年 1 月 14 日香港《立报》

传递先生

另一种形式的“自愿教师”，按照小先生的同样的原则教人学文化知识，叫作传递先生。所不同的是年龄的区别，小先生是十六岁以下的儿童担任，而传递先生则是十六岁以上的成人。“传递先生”的名称是由传递赛跑、传递接力棒，最终胜利到达目的地的运动员而得来的。传递教学的最好方法，是邀请农民去上夜校，上课的人就像乡村教师一样讲解知识。夜校的老师不是教农民去当学生，而是帮助他们学会教人去当传递先生。这些传递先生并不需要四五年才毕业，而是一下课就能去教别人。下课后，每个学生便成为一个先生，每个家庭便成了学习的中心。我们十分惊奇地发现，我们十分之一的农民是有能力去独立地领导班级的，其余的至少可以教两个朋友，一个是左邻，一个是右舍。如果这两个朋友很穷买不起书，传递先生自己的书可供三人共同使用。传递先生从夜校学了新课，并且已经复习了。他在复习功课时，便已经教了他的两个朋友了。在教他的朋友时，他越学越多，越学越明白。这个时刻，他所希望的是将自己学到的知识分享给别人，这便是一个思想上的飞跃。“将真理传给你的邻居”变成传递先生的座右铭。它使我们如此众多的农民和工人，非常满意地去当传递先生，去为他们的同胞们服务。

贺客与吊客

中国现行之会考制度，是对自己所委任之校长、教职员表示总不信任，把活泼的青年一起变成书呆子，一群一群的赶进牛角筒里去。它的影响之坏是无以复加。几个月前，我曾写了一篇《杀人的会考与创造的考成》警告教育行政当局。但是积重难返，这自杀杀人的制度，还是普遍的在那儿毁灭中华民族的生活力。

我这次被邀到南开大学去讲演，中学部里几位朋友和我详谈河北会考故事。在会考的六十九个学校之中，南开中学男校是考列第十八名，女校是考列第三十七名。南开学校在一般学校中是办理得最认真而有精神。它之所以有这种精神，就是因为它在教课之外，还相当的注意到学生整个的生活，不肯把学生完全当作书呆子教。它这次会考成绩之低，也是因为不肯过分牺牲学生们宝贵的生活以迁就这机械的毁灭生活力的会考制度。更有趣的是育才学校只有三个学生来考，居然名列第七。还有四个学校的考卷内容完全相同。这些都证明会考之荒唐。既设学校就该废科举，既要推行变相的科举，又何必费钱办学校？我们对这个问题谈了好久。晚上，张伯苓先生从华北运动会回来。我一见他的面，便向他道喜。他说：喜从何来？我说：贺南开会考成绩。他说：成绩不好。我说：我所贺的就是因为不好。如果好，我倒要来吊香呢。正是：

什么学校最出色？当推南开为巨擘。

会考几乎不及格，三千里路来贺客。

请问贺客贺什么？贺你几乎不及格。

倘使会考得第一，贺客就要变吊客。

——原载 1934 年 11 月 26 日《生活教育》第 1 卷第 19 期

教育与科学方法

今天所要讲的不是教育研究法，是“教育与科学方法”，就是科学方法在教育上的应用。人生到处都遇见困难，到处都充满了问题。有的是天然界给我们出题目，有的是社会上给我们出题目，有的是空气、光线、花草给我们出题目。既然题目有这么多，我们应付这些问题的方法也分好几种。有的人见古人怎样解决，我们也怎样解决。这种解决是不对的，是没进步的。因为古时现象不是与今日现象一样，所以以古就今的办法往往是错的。有的人依外国的方法来解决问题：日本怎样办教育，我们也怎样办教育；德国怎样办，我们也怎样办；美国怎样办，我们也怎样办。这种解决也是不对。因为人家发明之后，未必公开，或不愿公开。从不愿公开到公开，已经若干时间，再从公开到中国，我们刚以为新，不知人家早已为旧了。还有的人是闭门空想，自以为得意的了不得，其实仅自空想也是没用的。因四面八方的问题，不给他磨炼也是不行。此外还有一种人，也不依古，也不依外，是以不了了之。像以上种种方法，都不能解决我们的问题。能解决我们的问题的，唯有科学的方法。

什么是科学方法呢？科学方法是有步骤的，是有线索的。第一步要觉得有困难。如牛顿看见苹果落地，别人不知看了几千百次，都没觉得有困难，唯有牛顿觉得有困难，所以他发现地球的引力。教育方法也是如此。有的人上课看不出有什么问题，学风之坏也不注意，所以就不会有问题。第二步得要晓得困难的所在，就是要找出困难之点来。如一个人坐在那里发脾汗是觉得有困难了。用什么方法来解决这个困难，这就跳到第三步，从此想出种种方法来解决。有的将画符放在辫子里，有的请巫婆，有的到庙里烧香祷告，有的请医生，有的吃金鸡纳霜。有了这些法子然后再去选择，这就到了第四步。如：以为老太婆的法子好，就去试一试；不能解决之后，再用其他法子，最后惟有吃金鸡纳霜渐渐地好了。但此刻还不能骤下“金鸡纳霜能治脾汗”的断语，因为焉知不是吃饭时吃了别的东西吃好的呢？所以必须实验一番，这就到第五步了。如在同一情形之下，无论中外、男女、老幼吃了都是灵的，那么，金鸡纳霜能治脾汗就不会错的。

经过这五步功夫，然后才可解决一个问题。这五步方法是科学的方法。无论是化学，是物理，是生物学，都用这个方法以解决困难。但科学方法也有几个要素：

（一）客观的　凡事应用客观的考查，有诸内必形诸外。在教育上的观察，就是看你的学说于学生的反应怎样？教员与学生的关系怎样？要考查一校的行政，应看它的建筑、设备怎样，如以秤称桌子，我虽不知此桌的重量，但我晓得所放的秤码是多少。

（二）数目的观念　凡有性质的东西都有些数量。如光（light）有性质，一般人都如此说，物理学家也说可以量的。又如灵魂是有质量的，将来也须用数量去量。如果不能，则灵魂是没有的。数量中又有两个观念:（a）量的观念。有数量就可去量，如布、米、油等。（b）要量的正确。量不正确，也是无用。就是反对量的，他也在那里量,但他们用的法子很粗浅,专用一己的主观。如中国教员看卷子,有时喜怒哀乐都影响到他们定的分数。高下在心，毫不正确，这是中国人的毛病。我想，不但学理化的人对于数目要正确，就是学教育的人也要正确。“差不多”三字是我国人的大毛病。与人约定时间总是迟到（但上火车总是早到)。所以孟禄调查教育时说:“中国人对于数目不正确。如要改良中国的教育，非从数目入手不可。”

以上说的是科学步骤与观念，要将这步骤、观念，应用到教育上去。

现在教育问题很多。从前人对于教育问题都是囫囵吞枣，犯了一种浮泛的毛病。各个人都会办教育，各个人都可做教育总长，都是教育专家。究竟教育问题是不是如此简单？还是无人不会呢？我们要知道教育在先进国里是一种专门科学，非专门人才不能去办。中国就不是如此。不过这几年还算进的快就是了。五年前南京高师教育和心理都是一人担任。自我到了之后，才将教育与心理分开。一年之后，授教育学者是一人，教育行政者又是一人。这是近五六年来教育的趋势。如各人担任一个活的问题，或一人一个，或数人一个，延长研究下去，这问题总有解决的时候，若真多少年下去还不能解决，那恐非人力所能解决的了。

现时要研究的问题，有教育行政、儿童、工具、课程种种。又如，把科学应用到教育行政上去，课堂上教授是不是好的办法？教员、学生都太劳苦是不是有益的事情？

现在教育有两种：（一）如一个新学生坐在洋车上，叫车夫拉着拼命地跑几十里，结果自然是学生逸，车夫苦。但让学生自己再回来恐怕还是不能。（二）如一去不坐车，不识路就问警察，自然是辛苦一点，但走到回来时，包管还能回来的。滋将教育重要部分略说一说。

（一）组织　此时课堂组织最好的有达尔顿实验室的方法（Dalton Laboratory Plan）。室中有种种杂志、图画，还有导师，任学生自己翻阅，与导师共同讨论，还要每礼拜聚会一次。这种法子到底好不好，可去试验试验。把各个学生试验了，测量了，假设其情形相同，是不是可得同一的结果，然后就知究为班级制好呢，还是达尔顿的方法好？又如，研究习惯为遗传的力量大呢，还是社会环境的力量大？把一对双生的儿童授以同样教育，看他们的差别究竟是哪个大。同时以同胞生的儿童授以不同的教育，再看他们的差异怎样。

（二）教材　以上法子也可应用到教材上去。如我们所教的字是不是学生需要的？究竟何者为最重要？何者为次要？何者为不需要？我们应来解决。现在有些需要的没有放到教科书里，有些不需要的反倒放入了。我们可以拿几百万字的书来测验，看哪一个字发现次数最多？其最多者为需要，其次多数发现者乃是次要。将发现多的给学生，而次多的暂不授予。还有一点要注意的，就是学生有一年、二年离校的，我们就得将最需要的教他。可是其中有个困难，或者最需要的字比较难读难写些，但我们可以想法给他避免。有人说中国字难认，所以不识字的人很多，外国人也说将来怕不能与各国的文化竞争。其实不然，试看长沙青年会所编的《千字课》教授男女学生就知道了。他那里边有男生一千二百人，女生六百人，四个月将一千字授毕，每日仅费一点半钟。学生多半是商家学徒，而学生年龄以十二、三、四、五、六岁的居多。我觉得这一种办法，给我们一个好大的希望，今天拿来不过举个例罢了。

（三）工具　无斧不能砍木，无剪不能裁衣，无刀不能作厨子，无工具不能做教育的事业。教育工具可以是从外国运的，可以是从中国找的。从外国运来的第一是统计法。有了统计法我们可以比较，可以把偶然的找出个根本原理来，如同望远镜可帮助我们眼睛看得清楚，在材料中可找出一定的线索。所以统计是不可看轻的。第二就是测验。近来教育改进社要做二十四种测验，因为此种工具是不能从外国运的（就是运来也不适用）。测验是看学生先天的聪明智慧怎样，使学校有个好的标准，由此可晓得某级学生有什么成绩，如治病的听肺器一样，可以看出病来。欲知病之所在，非测量不可。测验也是如此，得要细细地看结果怎样。如办学的成绩都是可测验的。但没有统计，也测不出来；没有测验，也统计不出来：二者是互相为用。如甲校一个学生花四十九元，乙校学生仅花四元半，我们就可测量它谁是谁不是。如测验得花四元半的能达到平常的标准，那花四十九元就太费了。反转过来，如花四十九元的刚好，那花四元半的未免太省了。这就是统计与测量互相为用的地方。总之，每人都存用科学方法去办教育的决心，每人都去研究或解决一个小的问题，我敢说，不出三十年中国教育准有好的成效。

——原载 1923 年 1 月 15 日《民国日报·觉悟》

学问之要素

——答程仲沂先生的信

仲沂先生：

……

先生所说做学问有三要素：一体健，二天才，三财力。很有见地。

行知以为体健是人生的一个最要目的，也是学问的一个最要目的。学生是学习人生之道的人。学以厚生则可；学以伤生是断断乎不可的。天才是做学问的根据。有几分天才做几分学问。大概天才有十分八九之势力，教育的势力只占十分之一二。教育万能之说是教育界自欺欺人的话。但是天才有时很不容易看出来。时机未到，天才隐在里面，专靠主观、武断，以致差之毫厘，失之千里的，是常有的事。

第三点恕我不大表同意。我不承认财力是学问的要素。我以为，只要有志学问或是有志于子女的学问，经济的难关是可以打破的。后代的学问是有社会关系的。自己倘若十分困难就号召社会的力量成全子女入学也是应该的。这是就求学必不可少的经费说的。我还有一点意见，就是：穷苦和学问是好友；富贵和学问是仇敌。那天天轻裘肥马，炫耀于同学之前的，究竟学问如何？

知行

十二年九月二十日

——原载 1929 年 7 月《知行书信》

预备钢头碰铁钉

——给吴立邦小朋友的信

立邦小朋友：

接读你的好信，如同吃甘蔗一样，越吃越有味。

世上有十八岁的老翁，八十岁的青年。要想一世到老都有青年的精神，就须时常与青年人往来，所以我很愿意和青年人通信，尤其欢喜和小孩子通信。平时得了小孩子一封信，如得奇宝；看过了即刻就写回信；回了信就把他好好的收藏起来。每逢疲倦的时候，又把他打开一读，精神就立刻加增十倍。小朋友的信啊，你是我精神的泉源！

国家是大家的。爱国是个个人的本分。顾亭林先生说得好："天下兴亡，匹夫有责。"我觉得凡是脚站中国土地，嘴吃中国五谷，身穿中国衣服的，无论男女老少，都应当爱中国。不过各人所处地位不同，爱国的方法也不能尽同。小孩们用心读书，用力体操，学做好人，就是爱国。今天多做一分学问，多养一分元气，将来就能为国家多做一分事业，多尽一分责任。你说等到年纪长大点也要服务社会，这是很好的志尚。社会的范围很不一定，大而言之就是天下；

小一点就是国家；再小就是一省，一县，一村；再小就是我们自己的家庭。大凡服务社会，要“远处着眼，近处着手”。学生在学习服务社会的时候，就可以从自己的家里学起，做起。一面学，一面做；一面做，一面学。我们在家里服务的事也很多，把不识字的家庭化为识字的家庭，就是这许多事当中的一种。府上既住在学校左近，这就是你自己家里试办平民教育的机会。家庭里的平民教育适用连环教学法，你可请教令亲鸣岐先生。家里办好了，再推广到左右邻居，这事就是治国平天下的入手办法。

你信上说到贵处的老太婆们如何顽固，如何不易开通，这也是自然的现象。我们在社会上做事就要预备碰钉子。我在这几个月当中，也碰了四五个钉子。碰钉子的时候有两个法子解决：第一是硬起头皮来碰，假使钉是铁做的，我们的头皮就要硬到钢一样，叫铁钉一碰到钢做头皮上就弯了起来；第二是要把我们的热心架起火来，把钉子烧化掉。我们只怕心不热，不怕钉子厉害，你看如何？

你说，隆阜平民学校有个六十九岁的老太太也报名了。这是我们平民教育的大老了。陈鹤琴先生的老太太现在六十五岁，也读《千字课》。安徽教育厅里，夫役读《千字课》的也有二位六十五岁的老翁，我亲自教了他们两课。晏阳初先生说他最老的学生是六十七岁。所以隆阜那位老太太是我们平民教育最老的学生。请你把她的姓名告诉我。我要叫天下人都晓得这件事，好叫那些年富力强的人都发奋起来。再请你代我向这位老太太表示敬意。从前中国有七十岁的老状元，现在有七十岁的老学生，老识字国民，岂不是一件最可庆贺的事吗？如果你能时常的去帮助这位老太太学习，那就更加好了。

你说徽州没有好的男学校，所以暂在隆阜读书。歙县第三中学办得不错，教员皆是有学问有经验的，明年可以试试看。

承你的好意，叫我回徽州来帮助大家提倡平民教育。这句话触动了我无限的感慨。我已经离开家乡十三年，恰好和你的年岁相等。每次读渊明公的《归去来兮辞》，我就想回来走一趟，但是总没有工夫。因为来往要一个月，我是个很忙的人，怎样可以做的到呢？今年夏天，南京来了四架飞机，我就想借用一架飞回徽州，半天可以来往。管飞机的人说徽州平地少，不易下来，只好将来再谈。现在休宁金猷澍慰侬先生制造一种浅水艇，如果办得成功，从杭州到屯溪只要十八个钟头。我现在一面学游水，一面等金慰侬先生的计划成功。我想我不久总要回来看看我的亲戚朋友，特别要看的是小朋友。不过小朋友们看见我怕要像下面两句诗所说的景况："儿童相见不相识，笑问客从何处来。"现在已经夜深了，后来再谈。

敬祝康健！

知行

十三年一月五日，在联和船上写的

——原载1929年7月《知行书信》

师生共生活

——给姚文采弟的信

文采吾弟：

安徽公学用最少的钱办到这样好的成绩，可算是近年来中等教育很有精彩的一个试验，可喜之至。但最危险的时期将要到了！秋期招收新生三班，新生数与旧生数相等，训育上要起最困难的问题。一不谨慎，校风要受根本的动摇。

按诸天演的原则，世间万事之进化都是逐渐成功的。暴长多暴亡，其机很微，不可不预防之。仲明弟拟于招考时，亲行口试，观察其言辞举止，以作去取根据之一种，我很赞成。这是一部分的预防，如果鉴别力强可以达到一部分的目的。梁漱溟先生说，办学校是和青年做朋友。做朋友之前，当然要加一番选择。所以，我很赞成仲明的建议。

但最重要的是：教职员和学生共甘苦，共生活，共造校风，共守校规。我认为，这是改进中学教育和一切学校教育的大关键。所以从学生进校之日起，全校教职员要偕同旧生以身作则，拿全副精神来同化新生。如果只招一班学生，这事体就要简便多了。现在是要拿一百多人来同化一百多人，确是一件最困难的事。我们对于这件事要小心翼翼，如临大敌，才有成功的希望。我希望，诸弟现在就要准备开学时一切琐碎的手续，使得时候到了，可以把精神集中在训育方面。凡住校的教职员，一定要和学生共甘苦，共生活，共造校风，共守校规，断不能有一个例外。如有例外，一定失败。

我希望你住校一个月，以示表率。在这起初一个月当中，千万要聚精会神对付这个问题。安徽公学的前途都要看这一个月的努力而定。我或者可以帮助你们打头一个礼拜的战。开学期定了之后，请即告诉我。

敬祝康乐！

知行

十三年八月十四日

——原载1929年7月《知行书信》

我之学校观

学校的势力不小。他能教坏的变好，也能教好的变坏。他能叫人做龙，也能叫人做蛇。他能叫人多活几岁，也能叫人早死几年。

学校以生活为中心。一天之内，从早到晚莫非生活，即莫非教育之所在。一人之身，从心到手莫非生活，即莫非教育之所在。一校之内，从厨房到厕所莫非生活，即莫非教育之所在。学校有死的，有活的，那以学生全人、全校、全天的生活为中心的，才算是活学校。死学校只专在书本上做工夫。介于二者之间的，可算是不死不活的学校。

学校是师生共同生活的处所。他们必须共甘苦。甘苦共尝才能得到精神的沟通，感情的融洽。国家大事，世界大势，亦必须师生共同关心。学校里，师生应当相依为命，不能生隔阂，更不能分阶级。人格要互相感化，习惯要互相锻炼。人只晓得先生感化学生、锻炼学生，而不知学生彼此感化锻炼和感化锻炼先生力量之大。先生与青年相处，不知不觉的，精神要年轻几岁，这是先生受学生的感化。学生质疑问难，先生学业片刻不能懈怠，是先生受学生的锻炼。这是不可避免的，也是好现象。总之，师生共同生活到什么程度，学校生气也发扬到什么地步，这是丝毫不可以假借的。李白诗说：“黄河之水天上来，奔流到海不复回。”这好比是学生的精神。办学如治水，我们必须以导河的办法把学生的精神宣导出去，使他们能在有益人生的事上去活动。倘不能因势利导，反而强事压制，那么决堤泛滥之祸不能幸免了。

康健是生活的出发点，亦就是学校教育的出发点。学问、道德应当有一个活泼稳固的基础，这基础就是康健。俗话说“百病从口入”，同志们务必注意，办学校是要从厨房、饭厅办起的。

生活之发荣滋长，必须有吸收滋养料的容量。学校教职员必须虚心，学而不厌。我以为，不但教师要学而不厌，就是职员也要学而不厌，因为既以生活为学校的中心，那么各种事务都要含有教育的意义。从校长起一直到厨司、校工，各有各的职务，即各有各的学问要增进。增进之法有二：一是各有应读之书必须读；二是各有应联之专家同志必须联。一个学校要想有美满的生活，必须和知识的泉源通根水管，使得新知识可以源源而来。

学校生活只是社会生活一部分。学校不是道士观、和尚庙，必须与社会生活息息相通。要有化社会的能力，先要情愿社会化。

学校生活是社会生活的起点。远处着眼，近处着手，改造社会环境要从改造学校环境做起。全校师生应当以美术的精神，共同改造学校环境。凡应当改造的，一丝一毫都不肯轻松放过，才能表现真精神。师生不能共同改造学校环境而侈谈社会改造，未免自欺欺人。

高尚的生活精神不用钱买，不靠钱振作，也不能以没有钱推诿。用钱可以买来的东西，没有钱自然买不来。用钱买不来的东西，没有钱也是可以得到的。高尚的精神如同山间明月、江上清风一样，是取之无尽、用之无穷的。没有钱是一事，没有精神又是一事。有钱而无精神和无钱而有精神的学校，我都见识过。精神是不靠钱买的，精神是在我们身上；我们肯放几分精神，就有几分精神。不关有没有钱，只问我肯不肯把精神放出来。

我们要学校生活长得敏捷圆满，就得要把他放在光天化日之下。太阳光底下可以滋长，黑暗里面免不掉微生物。所以我主张学校要给人看。做父母的、管学务的，以及纳教育税的人，都要看学校。要学校改良。做校长的，做教员的，都要欢迎人参观批评，以补自己之不足。学校放在太阳光里必能生长，必能继续不断的生长。

我对于学校悬格并不要高，只希望大家把学校办到一个地步：情愿送亲子弟入校求学就算好了。前清往往有办学的人不令子弟入学，时论以为不恕。现今主持省县教育者，亦颇有以子弟无好学校进为虑，甚至送入外人设立学校肄业，真正令人不解。我要有一句话奉劝办学同志，这句话就是："待学生如亲子弟。"

——原载 1926 年 11 月 5 日《徽音》第 27、28 期合刊

教育改进

吾人不但须教育，而且须好教育。改进之意即在使坏者变好，好者变为更好。社会是动的，教育亦要动。吾人须使之继续不断的改，继续不断的进。

教育改进包含两方面：有关于教育方针之改进，亦有关于教育方法之改进。教育方针随思潮为转移：有因个人兴致而偶然变更者，亦有因社会大势所趋而不得不变更者。教育方法受方针之指挥约束，必须与方针联为一气。方针未定得准，方法不与方针一致，均与吾人以改进之机会。比如航海，必须先定准方向。方向不定准，无论方法如何敏捷，如何洽意，只是行错路，究不能达目的地。但空悬一方针，船身能否抵制风浪，水手是否干练勇敢，食料与燃料敷用几时，均未打算清楚，则虽有方针，亦难达到目的地。故方针不准，应当改进；方法不与方针一致，亦应改进。航海如此，办学亦应如此。

论到中国教育方针，自办新学以来已经改变五六次。最初要吸收科学而又不忍置所谓国粹者于不顾，所以有"中学为体，西学为用"之主张，此种主张即是当时一种教育方针。光绪二十七年明定教育宗旨为忠君、尊孔、尚公、尚实、尚武。此种教育宗旨即表明其时之教育方针。民国元年，国体变更，教育方针因改为重在道德而以实利教育、军国民教育辅之，更以美感教育完成其道德。民国四年，申明教育宗旨，又改进为“注重道德，实利，尚武，并运之以实用”。民国八年，教育部组织教育调查会。该会建议“以养成健全人格，发展共和精神为教育宗旨”。所谓健全人格，须包含：“一、私德为立身之本，公德为服务社会国家之本。二、人生所必需之知识技能。三、强健活泼之体格。四、优美和乐之感情。”共和精神包含：“一、发挥平民主义，俾人人知民治为立国之根本。二、养成公民自治习惯，俾人人能负国家社会之责任。”民国十一年，第八届全国教育会联合会建议学制系统标准，即是关于教育方针之修正。嗣经教育部公布标准七条：“一、适应社会进化之需要。二、发挥平民教育精神。三、谋个性之发展。四、注意国民经济力。五、注意生活教育。六、使教育易于普及。七、多留地方伸缩余地。”此二十余年中，吾国教育方针，每隔四五年即修改一次，颇不稳定，论者辄讥为无方针之教育。其实中国方在过渡时代，又当各种思潮同时交流而至，方针不易固定。即以现在而论，吾人尚在歧路上考虑。吾意不出数年，中国教育方针必须再经一次变更，此次变更后，或可较为稳定。中国教育方针已经走过几层歧路，以吾观之，尚有两层最为重要之歧路：第一层，国家主义与国际主义。第二层，物质文明、精神文明与吸收物质文明而保存精神自由，并免去机械的人生观。改革固须改革，究竟如何改革方能进步，实属根本问题。

至于教育方法之改进，所包括之方面更多。学制、组织、行政、教师之训练、教材之选择与编辑、教学法之研究、校舍教具之设备、经费之筹措等种种问题，悉包括在内。如需一一详述其近年改进之途径，非本文篇幅所许。就教育方法论，却有极显著之进步。如由主观的逐渐移至客观的，由盲从的移至批评的，由少数人参与的移至多数人参与的，由一时兴会所至的移至慎重考虑的，由普通人议论出来的移至专门家屡试屡验的，不由人要喜形于色。但此种趋势只属于起点而已。盖今日中国之教育方法亦有两个缺点：一是方法不与方针一致，造就一人不能得一人之用；二是从外国贩来整套之理想与制度不能适合国情，不能消化，不能在人民生活上发现健全之效力。此均为吾人应绞脑筋、运身手、谋改进之急务。

以上论教育方针与方法均须改进，兹进论如何改进之道。

一、办教育者必须承认，所办教育尚未尽善尽美，确有改进之可能。彼应持虚心的态度，彼应破一切成见、武断、知足。脑中积有痞块，绝无改进希望。彼又应承认，有问题必有解决，有困难必可胜过，只需自己努力，无一不可以改进。若听天由命、不了了之之人，决不能望其改进。彼或是被人改进，但如无人乐意为之改进，则彼之存在只属幸运而已。

二、改进教育者必须明白自己之问题，又必须明白他人解决同类问题之方法。于是调查，参观，实为改进教育之入手办法。国内调查、参观之发生效力者，可以择要述之。民国三年黄炎培之本国教育考察，民国十年孟禄等六人之实际教育调查，民国十二年中华教育改进社之全国教育统计调查，均为多区域、多问题之调查，影响亦甚普遍。又地方教育之调查，如民国七年南京高等师范学校之南京教育调查，民国十二年中华教育改进社之北京学校调查，只是地方教育调查之初步工作。一级教育之调查，如民国十二年中华教育改进社之小学教育调查，十四年俞子夷之调查儿童对于各科好恶，于小学教育均有相当贡献。一门教育之调查，如民国八年、九年中华职业教育社调查甲乙种实业学校之得失，十一年至十三年中华教育改进社之调查十省科学教育及十四年之中国图书馆调查，十三年江苏义务教育期成会及改进社之乡村小学考察，十五年江苏教育厅之乡村小学视察，均于教育改进影响甚大。国外教育考察，最早者为光绪二十八年吴汝纶之日本教育考察。其《东游丛录》呈上管学大臣后，对于《钦定学堂章程》自有相当影响。嗣后派遣提学使赴日考察教育，使我国教育之日本化更进一步。美国教育考察，始于民国三年。是时黄炎培为江苏教育司长，派郭秉文、陈容、俞子夷三人考察欧美教育，归国后乃有南京高等师范之产生。四年，黄炎培游美，其所带之感想，可于彼所著《东西两大陆教育不同之根本谈》中见其大略。六年，考察菲律宾教育，南北各三人，直接即产生中国之职业教育。其后袁希涛组织欧美教育考察团。回国后，极力介绍欧美教育方法与理想。新学制之成立，直接间接受此种调查参观之影响不少。调查、参观确已表现“改”之能力，但究竟属改进属改退，则一时颇不易定。

三、教育界共同之问题应同心协力共谋解决与改进。故教育会议乃必不可少之事。吾人要求精神之一致、经验之沟通，非有会议不可。前清之中央教育会，民国元年之临时教育会议，民国四年以来之全国省教育联合会以及中华职业教育社、中华教育改进社、中华平民教育促进会等之年会，以及去年大学院之全国教育会议，均与形成全国教育思潮、方针及进行方案有密切之关系。现在国内省有省教育会，县有县教育会，市乡之组织完备者有市教育会及乡区教育会。学校与学校合组之各会议，影响较大者有中等教育协会，附属小学联合会。彼等于各自范围内所经营之事业，各有善良之效验。一门教育之会议，如民国十三年五月之乡村小学组织及课程讨论会，颇能引起乡村教育之兴味。一校之中，各科教员倘有讨论之组织，亦于改进各该科教育有所裨益。不但国内教育同志应有讨论之机会，国际教育同志亦应有交换意见之机会。十二年世界教育会议在旧金山举行，我国派代表出席，即思运用教育方法，以培养国际之谅解，增进国际之同情，并提倡国际之公道。吾人相信如依此慎重做去，此种会议于改进全世界之教育当有裨益。

四、调查参观仅为取别人之所知以益己之所不知，会议仅为会合各人之所知以成公众之所共知，吾人决不能借此种方法以发现新理。不能发现新知，决不是在源头上谋改进。改进教育之原动力及发现新理之泉源，乃属试验学校之功能。我国现在足以当试验学校之名者甚少。以前东南大学附属小学及附属中学曾做道尔顿制及设计教学法之试验工作。最近北京艺文中学亦正在试验道尔顿制，鼓楼幼稚园之设乃欲试验幼稚教育者。中华教育改进社以试验学校为一切教育改进之大本，特于十四年十二月定一进行方针："本社会今后对于教育之努力，应向适合本国国情及生活需要之方向进行。其入手方法，为选择宗旨相同，并著有成绩之中学、小学、幼稚园，与之特约试验。合研究者之学术与实行者之经验为一体，务使用费少而收效宏；并将试验结果，随时介绍全国，俾多数学校，可以共向此途进展。”依此方针进行，该社已与燕子矶小学、尧化门小学、鼓楼幼稚园、南京安徽公学、北京艺文中学特约进行试验。该社于特约学校外尚须特设一试验乡村幼稚园及一试验乡村师范，不久可以实现。改进教育最有效力之方法，无过于以学校化学校。

五、调查必须有工具，方能明白问题之所在；试验亦必须有工具，方能考核方法为实效。此种工具名曰测验。比如医病，教育心理测验仿佛是听肺机、寒暑表、爱克斯光线，较之通常之听闻为可靠。民国十一年至十二年，中华教育改进社聘麦柯博士来华，偕同北京师大、东南大学教育科及其他大学教授二十余人编造测验二十余种，可算是第一次之尝试。此种测验当然未能谓为已十分完备、十分可靠。但吾人亦不能因此谓为无用。吾人应精益求精，使之渐达尽善尽美之境地。而教育事业之改进，亦可以由此而获得相当之助力。

六、教育之学术，非可独立存在。彼立于哲学、心理学、生物学、生理学、社会学、经济学各种学术之基础之上。故谋此种种学术之进步，即所以谋教育学术之改进。教育之事业，亦非可独立存在者。彼与一国政制、风俗、职业以及天然环境，均有息息相关之道。故谋政制、风俗、农、工、商、交通、水利等等之进步，亦即所以谋教育之改进。吾人不能专在教育上谋改进，即以为可以完全达到吾人之目的。吾人当改进教育之时，务须注意教育以外尚有许多别种事情须同时改进也。

——1930 年 7 月上海商务印书馆《教育大辞书》

师范生的第一变

——变个孙悟空

教育是什么？教人变！教人变好的是好教育。教人变坏的是坏教育。活教育教人变活。死教育教人变死。不教人变、教人不变的不是教育。

师范教育是什么？教学生变成先生。先生是什么？自己会变而又会教人变的是先生。师范生不是别的，是一个学变先生的学生。

自古到今，从东到西，我找来找去，只找着一位差不多可以比得上这学变先生的学生。你猜是谁？是那保唐僧上西天取经的孙悟空！

你们别瞧不起老孙。他那大闹天宫的天界革命功劳我且不提，只说几桩与你们最有关系的事迹。

第一件，他有目的、有远虑、有理想。他做了美猴王，还是烦恼。众猴对他说："大王好不知足！我等日日欢会，在仙山福地，古洞神洲，不伏麒麟辖，不伏凤凰管，又不伏人王拘束，自由自在，乃无量之福，为何远虑而忧也？"他说："今日虽不归人王法律，不惧禽兽威服，将来年老血衰，暗中有阎王老子管着，一旦身亡，可不枉生世界之中，不得久住天人之内？"所以他存心要"学一个不老长生，躲过阎君之难”。这是他所抱的目的。师范生的目的何在？我想美猴王如果做了师范生，他必定也是烦恼。如有人问他为何烦恼？他一定是这样回答了：“今日虽为双料少爷，事事有听差服侍，先生照应，只管教学，可以不做，将来双手无能，误人子弟，暗中有帝国主义老子管着，一旦教人做奴隶的，自己也做了奴隶，可不枉生世界之中，不得久住主人之内？”

第二件，他抱着目的去访师。他所住的水帘洞是在东胜神洲傲来国花果山。为着要“躲过轮回，不生不灭，与天地山川齐寿”，他便漂洋求师，漂到南瞻部洲，又渡西洋大海，才到西牛贺洲，因樵夫指引，找到灵台方寸山中的斜月三星洞，遇着须菩提祖师，算起来已是花了十几年光阴了。无论哪个现代留学生也没有像他这样诚恳了。教师多于过江鲫，谁能教人达目的？如果美猴王做了师范生，他必定要找一位能达他的目的的老师，不能达他的目的的老师，他是不要的。空口说白话，能教不能做的老师他也是不要的。他又是一位大公无私的好汉。他漂洋求师，不是为着他一个人的长生不老，他所求的是猴类大家的幸福。你看他在生死簿上把猴属之类但有名者，一概勾之；得了瑶池之玉液琼浆也是拿回洞来大家吃。他的目的是：老孙、二孙、三孙、细孙、小孙——一家孙、一国孙、一窝孙，一个个长生不老。如果他是师范生，他决不访那教人做奴隶的老师，也决不访那教少数人做主人多数人做奴隶的老师；他要访的是教一家人、一国人、一世界人，个个做主人的老师。

第三件，他抱着目的求学。孙悟空在斜月三星洞住了好久，一日，须菩提祖师登坛讲道，问他说：“你今要从我学些甚么道？”

悟空道："只要有些道儿气，弟子便就学了。"祖师道："道字门中有三百六十旁门，旁门皆有正果，不知你学哪一门哩？……我教你个术字门中之道，如何？"悟空道："术门之道怎么说？"祖师道："术字门中，乃是些请仙扶鸾，问卜揲蓍，能知趋吉避凶之理。"悟空道："似这般可得长生么？"祖师道："不能！不能！"悟空道："不学！不学！"祖师又拿"流字门""静字门""动字门"中之道问他学不学，他总是反问道："似这般可得长生么？"祖师道："不能！不能！"他便说："不学！不学！"祖师闻言，咄的一声，跳下高台，手持戒尺，指定悟空道："你这猢狲，这般不学，那般不学，却待怎么？"走上前，将悟空头上打了三下，倒背着手，走入里面，将中门关了，撇下大众而去。悟空心中明白，这是祖师暗示叫他三更时分从后门进去传道。悟空当夜依着暗示进去，果然得着长生之道，还学了七十二套地煞变和一翻十万八千里的筋斗云。

由此可见，孙悟空不是一个糊涂的学生。他抱着一个"长生不老"的目的而来，必定要得到一个"长生不老"的道理才去。凡是不合这个目的的东西，他一概不学。学做先生的道门中有几多旁门，我可不知道，可是现在通行的一个，便是"讲"字门，大家好像都以为这讲字门中有正果可找。假使孙悟空做了师范生，教员问他说："我教你个讲字门中之道，如何？"悟空必定问："讲门之道怎么说？"教员说："讲字门中，乃是些上堂下课，高谈阔论，好比一部留声机器。"悟空必定要追问到底，如果不能达到他的大目的，他的断语必定是："不学！不学！"

我们做学生的当中有多少是像孙悟空这样认真的啊？

变吧！变吧！

变个孙悟空，

漂洋过海访师宗。

三百六十旁门都不学，

一心要学长生不老翁。

七十二般变化般般会，

翻个筋斗十万八千里儿路路通。

学得本领何处用？

揭起革命旗儿闹天宫。

失败英雄君莫笑，

保个唐僧过难亦威风。

降妖伏怪无敌手，

不到西天誓不东。

请看今日座上战斗佛，

岂不是当年人人嘴里的雷公？

师范生要变做孙悟空的道理是说明白了。但是既有孙悟空，便有唐三藏。师范生变了孙悟空，那唐僧推谁去做呢？师范生的唐僧是小朋友。师范生应该拜小朋友做师傅，也如同孙行者的本领比唐僧大倒要做唐僧的徒弟。小朋友是我们的总指导。不愿受小朋友指导的人不配指导小朋友。唐僧向西天取经，经过了八十一难，若不是孙悟空保驾，也不知死了几十次，哪能得到正果？小孩子学着做人，一生遇着的病魔、恶父母、坏朋友、假教员，个个都是吃人的妖怪，差不多也好比是唐僧的八十一难，若没有孙悟空的心术和本领的师范生保驾，不死于病，必死于亲；不死于亲，必死于友；不死于友，也必死于老师之手了。还能望他成人为民族人类谋幸福吗？

老孙！老孙！

校长招你来，

当个师范生。

西天保谁去取经？

小朋友是你的唐僧。

——原载 1931 年 4 月 15 日《师范生》创刊号

师范生的第二变
——变个小孩子

“小孩子懂得什么？”

在这个态度下，牛顿是被认为笨伯，瓦特是被认为凡庸，爱迪生是被认为坏蛋。

你若想在笨伯中体会出真牛顿，在凡庸中体会出真瓦特，在坏蛋中体会出真的爱迪生，你必得把自己变成一个小孩子。

你若不愿变小孩子，便难免要被下面两首诗说着了：

【一】

你这糊涂的先生！

你的学堂成了害人坑！

你的墨水笔下有冤魂！

你说瓦特庸，

你说牛顿笨，

你说像个鸡蛋坏了的爱迪生。

若信你的话，

哪儿来火轮？

哪儿来电灯？

哪儿来的微积分？

【二】

你这糊涂的先生！

你的教鞭下有瓦特，

你的冷眼里有牛顿，

你的讥笑中有爱迪生。

你别忙着把他们赶跑。

你可要等到

坐火轮，

点电灯，

学微积分，

才认他们是你当年的小学生？

倘使被这两首诗说中，那是多么可悔恨的一件事啊！

“小孩子懂得什么？”

小孩子是再大无比的一个发明家。生下地一团漆黑，过不了几年，如果没有受过母亲、先生和老妈子的愚惑，便把一个世界看得水晶样的透明。他能把您问倒。这有什么羞耻？倘使您能完全回答小孩子的问题，便取得一百个博士的头衔也不为多。

您不可轻视小孩子的情感！

他给您一块糖吃，是有汽车大王捐助一万万元的慷慨。

他做了一个纸鸢飞不上去，是有齐柏林飞船造不成功一样的踌躇。他失手打破了一个泥娃娃，是有一个寡妇死了独生子那么悲哀。

他没有打着他所讨厌的人，便好像是罗斯福讨不着机会带兵去打德国一般的怄气。他受了你盛怒下的鞭挞，连在梦里也觉得有法国革命模样的恐怖。他写字想得双圈没有得着，仿佛是候选总统落了选一样的失意。他想您抱他一会儿而您偏去抱了别的孩子，好比是一个爱人被人夺了去一般的伤心。

人人都说小孩子，
谁知人小心不小。
您若小看小孩子，
便比小孩还要小！

未来的先生们！忘了你们的年纪，变个十足的小孩子，加入小孩子的队伍里去吧！您若变成小孩子，便有惊人的奇迹出现：师生立刻成为朋友，学校立刻成为乐园；您立刻觉得是和小孩子一般儿大，一块儿玩，一处儿做工，谁也不觉得您是先生，您便成了真正的先生。您立刻会发现小孩子的能力大得很：他能做许多您不能做的事,也能做许多您以为他不能做的事。等到您重新生为一个小孩子，您会发现别的小孩子是和从前所想的小孩子不同了。

我们必得会变小孩子，才配做小孩子的先生。师范学校的同学们！小孩子变得成功便算毕业；变不成功，休想拿文凭！

我们却要审查一番，这第二变的小孩子与那第一变的孙悟空有无重复。师范生既然会变孙悟空，那么凡是孙悟空所会变的，师范生都能变了。现在留下的问题是："孙悟空可会变小孩子？"我们调查他的生平，他只能变一个表面的小孩子，而不能变一个内外如一的小孩子。他在狮驼洞曾经变过一个小钻风，被一个妖怪察觉，"揭起衣裳看时，足足是个弼马温。原来行者有七十二般变化，若是变飞禽、走兽、花木、器皿、昆虫之类，却就连身子滚去了。但变人物，却只是头脸变了，身子变不过来，果然一身黄毛，两块红股，一条尾巴”。所以：

儿童园里无老翁；
老翁个个变儿童。
变儿童，
莫学孙悟空！
他在狮驼洞，
也曾变过小钻风。
小钻风，
脸儿模样般般像，
拖着一条尾巴儿两股红！

——原载 1931 年 5 月 15 日《师范生》第 2 期

传统教育与生活教育有什么区别

前星期日来晚了，听说大家在此地讨论一个很有趣的问题，叫“吃人教育与生活教育有什么区别？”我不能参加讨论，没有发表意见。今天，又来晚了，现在我发表我的一点意见。

吃人教育与生活教育有什么区别？我的意思，不如说“传统教育与生活教育有什么区别？”所谓吃人教育，就是指传统教育而言的。现在，我们可以这样说：传统教育，是吃人的教育；生活教育，是打倒吃人的教育。

传统教育怎样是吃人的教育呢？他有两种吃法：

（一）教学生自己吃自己

他教学生读死书，死读书；他消灭学生的生活力、创造力；他不教学生动手、用脑。在课堂里，只许听教师讲，不许问。好一点的，在课堂里允许问了，但他不许他出到大社会里、大自然界里去活动。从小学到大学，十六年的教育一受下来，便等于一个吸了鸦片烟的烟虫，肩不能挑，手不能提，面黄肌瘦，弱不禁风。再加以要经过那些月考、学期考、毕业考、会考、升学考等考试，到了一个大学毕业出来，足也瘫了，手也瘫了，脑子也用坏了，身体的健康也没有了，大学毕业，就进棺材。这叫做读书死。这就是教学生自己吃自己。

（二）教学生吃别人

传统教育，他教人劳心而不劳力，他不教劳力者劳心。他更说："劳心者治人，劳力者治于人。"说得更明白一点，他就是教人升官发财。发谁的财呢？就是发农人、工人的财，因为只有农人、工人才是最大多数的生产者。他们吃农人、工人血汗，生产品使农人、工人自己不够吃，就叫做吃人的教育。

生活教育与传统教育则刚刚相反：

（一）他不教学生自己吃自己

他要教人做人，他要教人生活。健康是生活的出发点，他第一就注重健康。他反对杀人的各种考试，他只要创造的考成，也就是他不教人赶考赶人死。简单的说来，他是教人读活书，活读书，读书活。

（二）他也不教学生吃别人

他不教人升官发财，他只教中国的民众起来做主人，做自己的主人，做政府的主人，做机器的主人。他教人要在劳力上劳心。即使有人出来做官，他是要来服侍农人和工人，看看有无吃农人或工人的人，他要帮助农人、工人把他干掉。做官并不坏，但只要能够服侍农人、工人就是好的。他更要教人做到"工以养生，学以明生，团以保生"。说得更清楚些是：教大众以大众的工作养活大众的生命；以大众的科学明了大众的生命；以大众的团体的力量保护大众的生命。

——原载 1934 年 12 月 1 日《生活教育》第 1 卷第 20 期

为中国教育寻觅曙光

——致王琳的信

王琳先生：

前星期接到你一月二十八日的信，可算是这次过年最好的礼物，我读这封信比小孩子吃年糕还快乐。不久曹先生从真如来信为你介绍，他的信和你的信一样的感动人，真是令人喜而不寐，我本想写一封长信给你，因此就耽误了好多天。谅想你现在必定急待回信，所以只好缩短笔阵，先给你一个简短的回答。你对于《农业全书》《养鸡全书》《养羊全书》的批评，真是一针见血。纸上谈教育或农业，原来与纸上谈兵一样，何能发生效力？你说“洋八股”依旧是一个“国粹”老八股，离开整个生活，以干禄为目的，也是千真万真的。我们现在要打倒的就是这八股教育、干禄教育。我们决定再不制造书呆子和官僚绅士们。你愿意舍身从事适合于农村生活的教育，我们是十二分的欢迎，我们可以共同为中国教育寻觅曙光，为中国教育探获生路。章程详《乡教丛讯》，已于接信时寄奉，谅已收到了。

敬祝康乐！

陶行知上

十六、二、二十一

——1927 年 3 月 1 日《乡教丛讯》第 1 卷第 5 期

平民教育概论

一、平民教育之效能

中国现在所推行的平民教育，是一个平民读书运动。我们要用最短的时间，最少的银钱，去教一般人民读好书，做好人。我们深信读书的能力是各种教育的基础。会读书的人对于人类和国家应尽之责任，应享之权利，可以多明白些。他们读了书，对于自己生计最有关系的职业，也可以从书籍报纸上多得些改进的知识和最新的方法。一般无知识的人对于子女的教育漠不关心，若是自己会读书就明白读书的重要，再也不肯让自己的儿女失学，所以今日之平民教育就是将来普及教育的先声。至于顺带学些写信、记帐的法子，于个人很有莫大的便利，自然是不消说了。

二、平民教育问题的范围

中国没有正确统计，暂且以传说之四万万人估计，觉得平民教育这个问题之大，实可令人惊讶。照中华教育改进社估计，十二岁以上之粗识字义的人数，只有八千万人。再除开十二岁以下的小孩子约计一万万二千万人，属于义务教育范围，其余之二万万人都是我们的平民教育应当为他们负责的。这二万万人有一人不会读书看报，就是我们有一分责任未尽。

三、中国平民教育之经过

这个问题二十多年前已经有人注意了。前清的简字运动就想解决这个问题，没有多大成效。注音字母也有一部分人拿来做速成教育的工具，他的命运尚在试验中。“五四”以后，学生由爱国运动进而从事社会服务，教导人民，自动开设的平民学校遍地都是。虽办法不无流弊，却能引起我们对于平民教育改善的兴味。最后，晏阳初先生用一千字编成课本在长沙、烟台、嘉兴等处从事试验平民教育，更为省钱省时。在这事之前，有毕来思先生编的《由浅入深》和唐景安先生用六百字编的课本，都能引起一部分人的注意。这都是局部的试验。去年六月，熊秉三夫人参观嘉兴平民学校之后，就偕同晏阳初先生和我们筹备中华平民教育促进会的组织。同时推举朱经农先生和我依据国情及平民需要编辑课本，并推请王伯秋先生在南京主持平民教育之试验。八月，乘中华教育改进社年会在清华学校开会之期，邀集各省区教育厅、教育会代表到会讨论进行方针及计划。中华平民教育促进会总会即于此时成立。十月开始推行，离现在为时不过九个月，已推行到二十省区，读本会平民《千字课》的人民已有五十万人。由此可见，全国对于平民教育有极热烈的欢迎和极浓厚的兴趣。

四、平民教育现行系统

中华平民教育促进会总会是个全国的总机关，有董事部总其成。董事有两种：一为省区董事，每省区二人；二为执行董事，一共九人，推举在京之会员担任。董事部聘请总干事担任进行事宜。

总会之下，有省、县、市、乡平民教育促进会分会，管理一省、一县、一市、一乡的平民教育事宜。一市中之各街和一乡中之各村，都要设平民教育委员会以担负此街、此村之平民教育。现在省区设分会的已有二十省区。省区之下未有确数。一条街的平民教育正在北京之羊市大街和南京之府东大街试办；一个乡村的平民教育正在休宁之隆阜和西村等处试办。

五、教育组织

教育组织最要符合社会情形和人民生活的习惯。因此我们对于平民教育，主张采用三种形式以适应各种人民的需要：

（一）平民学校　这个采用班级制度。大班一二百人以上用幻灯教；小班三四十人以上用挂图、挂课教。这和通常的班级教学差不多，无须解释。

（二）平民读书处　但是社会里有许多人因职务或别种关系不能按照钟点来校上课，我们就不得不为他们想个变通的办法。这办法就是平民读书处，以一家、一店、一机关为单位。请家里、店里、机关里识字的人教不识字的人。教的人是内里的，学的人也是里头的。这是内里识字的人同化内里不识字的人的办法。如果主人负责督促，助教每星期受一次训练，并加以定期的指导，平民读书处可以解决一部分的问题。山东第一师范现在以一个学校的同志办一千多人的平民教育，就是采用这个办法。

（三）平民问字处　这是南京平民教育促进会总务董事王伯秋先生发明的。社会上有些人不但不能按时上学，并且家里无人教导，因此平民学校和平民读书处都不能解决。这些人大半属于流动性质，如做小本生意的人或车夫之流。平民问字处就设在有人教字的店铺里、家庭里或机关里。凡承认担任教字的店铺、家庭、机关，随便什么人要问《千字课》里的字，都可以向他们问。比如摆摊的人，摆在那个平民问字处门口，就可乘空向他们请教；车夫停在那个平民问字处门口，也可以乘无人坐车的时候学几个字。这个法子现在南京试验。

六、教材教具

平民教育最重要的工具是课本——《千字课》。这部书的一千多字是根据陈鹤琴先生调查的《字汇》选择的。编书的大目标有四:(一)是自立的精神;(二)是互助的精神;(三)是涵养的精神;(四)是改进的精神。全书九十六课，用九十六天，每天一个钟点就可以教完。我们的方针是要求其易懂而有趣味，使他们读了第一课就想读第二课，用他们自然的兴味，来维持他们的恒心和努力。现在仍旧照这个方针在这里修改，总希望愈改愈适用。

辅助教具之最重要的有二。一是幻灯，现由青年会在那里力求改良，总要它格外价廉合用。二是挂图，比幻灯便宜些，宜于小班用。

七、考成

平民学校和平民读书处的学生普通四个月毕业。毕业之时，用测验方法考一下。及格的发给识字国民文凭（Certificate for Literate Citizenship）；考不及格可以下次再考，考到及格为止。教师的奖励看及格学生数目而定。凡教了三十人经考试及格的可得平民良师的证书（Certificate of People's Teacher）。其他对于平民教育出力及捐资的人员，都有相当的奖励，或由本会发给，或请政府发给。各地同志并不为奖励始肯出力，本会之发给奖励只是对于他们有价值的工作，加以相当之承认。

八、经费问题

平民教育的经费现在已经节省到最低限度。我们的《千字课》承商务印书馆之帮忙，几乎是照本钱出卖。一角洋钱可以买一部，共四本。如果采用读书处的办法，只需两角钱就可教一个人。平民学校贵些，每人也不过四五角钱。加用幻灯，每人至多一元钱也就够了。

我们希望省、县的平民教育，都列入正式预算。国家也应将筹定的款，辅助各地勇猛进行。这虽是我们应有的计划，但我们并不等候政府筹定的款才去进行。我们要教育普及，尤其要担负普及。我们现在要试行一种“一元捐”的办法，使社会大多数人民，都为平民教育挑一个小小的担子，并使他们各个人都和平民教育发生一点密切的关系。我们深信为公益捐钱，也是一种很有价值的教育。我们要社会学给予，不要他们学受取或看别人给予。我们相信这种“一元捐”推行之后，再加点附加税，就可以够用了。

九、强迫是一种必要手续

社会上有三种人：（一）是自动要读书的；（二）是经劝导后才愿读书的；（三）非强迫不愿读书的。我们就经验上观察，十人中怕有三人或四人非强迫不行，此外还有两人或三人，有了强迫的办法就可赶快去读。所以强迫是必要的。强迫有两种：一是社会自动的强迫。例如改进社等机关对听差的宣言：“从今天起，不愿读书的不能在本社服务”，“自民国十四年一月一日起，无识字国民文凭的人不能在本社服务”；协和医院对工役的宣言“在一定时期内没有读了《千字课》不得加薪”一类的办法，都是自动的强迫。至于政府的强迫令，也是重要的。芜湖房道尹、察哈尔张都统、河南王教育厅长都曾考虑过强迫平民教育的办法，陆续总有地方可以实现。他们所考虑的办法中有四条很值得实行的：（一）是县知事以下以推行平民教育为考成之一；（二）是预行布告人民某年某月某日以后，十二岁以上之人民出入城门应经警察持《千字课》抽验，会读者放行，不会读者罚铜圆一枚；（三）愚民捐（ignorance tax）。在某年某月某日以后，凡机关里、店铺里、家庭里或任何组织里，如有不会读《千字课》之十二岁以上之人，每月纳“愚民捐”洋一角，到会读为止。“愚民捐”由主人及本人各任半数；（四）凡主人有阻碍属下读书行为，一经发觉，得酌量罚款。

十、下乡运动

中国以农立国，十有八九住在乡下。平民教育是到民间去的运动，就是到乡下去的运动。现在有一个方法很有效力。学校里到夏天和冬天都要放假，大多数的学生都要回到自己的村、乡里去。我们劝他们带《千字课》回家宣传平民教育。入手办法有三种：（一）是把村、乡里识字的人找来给他们一种短期的训练，教他们如何教自己家里的人。（二）把村里不识字中之聪明的招来，每天教他们四课，同时叫他们每人回家教一课。只需一个月他们就可读会四本书并教毕一本。他们一面学，一面教，一个月之后都可做乡村里的教师了。（三）大一点的乡村里总有私塾，可以劝导私塾先生采用《千字课》，并用空闲时间，为乡人开班教《千字课》本。

乡村平民教育当推香山慈幼院对于西山附近乡村的规划为最有系统。他以各小学为一中心点，令附近每家来一人上学，学好后回家教别人。读书之外，还教些实用的职业。我们很希望这个计划能成事实。

十一、女子不识字问题

不识字的最大多数就是女子。平民学校因年龄较大又未经学校训练，不便男女同学，更使这个问题难于解决。我们现在采用的办法是：（一）为女子专办女子平民学校；（二）家庭中多办平民读书处，使自己的人教自己的人；（三）劝女学生寒暑假回乡教乡村里的妇女；（四）极力提倡女子学校教育造就女子领袖，使女子平民教育可以尽量推广。

十二、继续的平民教育

四个月的《千字课》教育，虽然有些实用，但和完备的教育比较起来，真是微乎其微。况且受过这种教育之后，如何去维持，使他们不致忘却并能运用，真是一个最重要的问题。所以我们一面推行，一面就计划继续的办法。（一）我们要和国内最大的日报合作，编辑一个《平民周刊》，一面随报附送，一面单行发卖，使平民毕业学生，可以得到看报的乐趣，又可以得到些世事的消息和做人的道理。现请定朱经农先生为总编辑，由《申报》印行，定于六月二十八日出版，每周行销六万份。（二）我们请了专家四十几位分任编辑《平民丛书》数十种，供给平民阅览。对于上列二事，改进社很出力帮忙。为了充分推广起见，我们在火车上、轮船上甚至于三家村五家店，都要设法分销，使平民便于购买，又请图书馆专家，规划设立平民阅览室，以便平民可以到适中地点看书看报。中华职业教育社也在编辑《平民职业小丛书》，也是很有益的。（三）有些学生对于四个月之后，很想继续受职业的训练，求生计上之改善。这是更加要紧的。我们为分工起见，希望中华职业教育社特别加以注意。（四）平民学生当中已经发现有特别聪明的学生，这些学生应当再受国家或社会充分的培植。我们对于他们特别加以注意，并要扶助他们升学。

十三、训练相当人才

这是一个大规模的运动，义务繁，责任重，必须训练多数相当的人才分工合作才能按期收效。第一要训练的就是推行干事。各地对于平民教育既有如许热心，总会最大的责任是派遣有干才的人员，帮助各地组织、指导他们进行，并给各地办理平民教育的人一种相当的训练。总会对于省区，省区对于各县各市，各县对于各乡，各市对于各街，都应负训练指导之责，才能收一致之效。第二要训练的就是教师。平民学校教师采用讨论会办法，寓训练于讨论之中。平民读书处助教就须用师范班办法加以有规律之训练。第三，省视学、县视学是地方提倡平民教育最可收效之人，宜有短期之讲习会，详细讨论推行平民教育之办法以利进行。这种讲习会不久就要召集。

十四、官民一致合作之效力

自平民教育开办以来，固然免不了一部分人的怀疑和少数人的阻碍。但因平民教育运动宗旨纯正，国人相信从事者始终以人民幸福为前提，绝无政治、宗教或任何主义之色彩，所以到处受欢迎。各地推行平民教育的时候，军、政、警、绅、工、商、学、宗教各界无不通力合作，这种一团和气的现象真是少见的。学界对于此事之热心是一件预料得到的事。多数的教员、学生本着他们诲人不倦的精神，担任教学，研究推广等事，实在可以佩服。商界对于此事也有热心提倡者。都市里提倡平民教育一大半要靠商界。汉口各商团联合会周会长尤其热心，他首创的几个平民学校都很有成绩。听说他还有二十五个学校正在筹备中。汉口商界是可以为全国模范的。工厂主人提倡此事最力的有武昌李紫云先生。我们很希望全国的工厂继起提倡工人的平民教育。南京有五十几位说书人，在说书的时候，把读书的好处，夹在说书当中劝导听者。他们还逢三、六、九的日子，到四城演讲读书的重要，他们还编道情（folk lore or popular songs）唱给人民听，劝他们读书。这些说书人最明白平民心理，真是最好的平民教师。我们很希望全国的说书人都起来为平民服务。各地政府对于平民教育表同情的很有好多。江苏首先捐助巨款开办南京平民教育的试验，湖北也极力提倡。江西、察哈尔等处都很出力。近来奉天令军队数万人受平民教育，尤为平民教育前途最可庆贺的一件事。民政长官中最先提倡平民教育的为江苏韩紫石省长。安徽前省长吕调元令省公署卫队、公役受《千字课》教育，可惜中途为马联甲掌皖时所停止。湖北省长公署也办了一班，已经毕业，现在在筹备继续。安徽教育厅长江彤侯令全厅公役一律读书，为强迫平民教育之第一幕，中间虽经谢学霖厅长任上之停顿，但新任教育厅长卢绍刘已经恢复，进行顺利。赣、鄂二教育厅也相继举办，为全省树立风气，甚为可喜。芜湖房道尹、察哈尔张道尹都很提倡。县公署里办平民教育的也有许多处。警察为推行平民教育最要人员之一。在都市中，警察与商界有同等的力量。南京警官亲自教平民学生，警士帮助劝学非常热心。武昌警察总署及分区共办平民读书处二十九处，不识字之警察、公役一律读书，不愿读书的开除。这是何等的有效力！九江的警察也很提倡。监狱里的犯人除做工外没有别事做，我们正可借此机会教他们读好书，做好人。现在新监里教《千字课》的有安庆、南昌、南京、武昌、汉口各处。还有利用识字犯人教不识字的犯人的，真是可喜。

十五、南北对于平民教育一致提倡之好现象

对于平民教育不但各界合作，而且南北也是合作的。广东、云南、湖南、东三省、四川以及其他各省区都协力进行。这真是所谓人同此心，心同此理。中国政治虽不统一，但教育是统一的。我们深信统一的教育可以促成统一的国家。

十六、结语

我们的希望是：处处读书，人人明理。如照现在国人对于此事的合作和热度观察，十年之内当有相当的成效。但我们不能以普及四个月一千字的教育为满足。我们应当随国民经济能力之改进，将他们所应受之教育继长增高到能养成健全的人格时，才能安心。这是我们共同的希望，也是我们今后共同努力的方向。

——1924 年 10 月《中华教育界》第 14 卷第 4 期